近代チベット史叢書 13

テイベット史概説

大村謙太郎――著

慧文社

改訂新版にあたって

一、本書は一九五八年に発行された大村謙太郎・著『ティベット史概説』（西蔵大蔵経研究会）を基に編集を加えた改訂新版である。
一、原本における明らかな誤植は、これを改めた。
一、原本の趣を極力尊重しながらも、現代の読者の便を図って以下の原則に従って現代通行のものに改めた。
i 「旧字・旧仮名」は「新字・新仮名」に改めた。
ii 踊り字は「々」のみを使用し、他のものは使用しない表記に改めた。
iii 送り仮名・句読点・ふりがなは、読みやすさを考えて適宜取捨した。
iv 難読と思われる語句や、副詞・接続詞等の漢字表記は、ふりがなを付すか、一部かな表記に改めた。
v 外来語や、一部の漢字・語句を、現代の一般的な表記に改めた。
vi 法律や条約の条文のカナカナ表記をひらがな表記に改めた。

慧文社

序

北京版西蔵大蔵経複刊の事業に関係して特に思うことは、わが国民が、ティベットについて、ほとんど関心をもっていないということである。しかしこれはあえてティベットの場合ばかりの問題ではない。私が永年研究をつづけているイスラーム（回教）の世界についてもいえることで、まことに遺憾《いかん》な次第である。

翻《ひるがえ》って考えてみると、ティベットには、このたび、複刊された西蔵大蔵経という稀有《けう》の文化財がある。これは仏教文化をとり入れたこの民族が、世界に残した一大記念碑である。一方、この地域は、奥地の秘境として、今日まで近代世界の外に置かれているが、例えば、その地下資源に至っては、世界の眠れる宝庫と目《もく》されているのである。

かようなティベットに対して、われわれは、そのまま眼をつぶっていていい筈《はず》はない。私は西蔵大蔵経の複刊の事業に参加してから、俄《にわ》かにティベットの研究を思いたち、各種の資料を渉猟《しょうりょう》してみた。そしてその結果まずティベット史の概説を書き上げたのである。勿論、私としては、専門は東洋史でも、研究はイスラームに限定されている。従ってティベット史は、いわば私の研究とは縁の遠い仕事であった。

もっとも、私がティベットというものを始めて学んだのは、今から五十余年前、学習院の中等科および高等科に在学した頃のことで、東洋史の時間はいずれも文学博士白鳥庫吉教授の受け持ちであった。私たちは博士から博士独自の東洋文化史の講義を聴いたのである。この白鳥教授は実は私の叔父に当たる人だが、当時の学生は、非常な興味と感銘とをもって、その講義を聴いたのであった。オン・マニ・パドメ・フンというティベットの祈りの言葉は、この時から覚えており、ティベットと国外との交通路や、その風俗習慣、唐と吐蕃との関係等々、頗る詳細に亘《わた》って教えられたもので、今から思うと、教授は当時すでに歴史の父といわれるヘロドトスの著書を読んでいたのではないかと考えられるのである。私のこんどの稿本は、五十年前のこれらの知識がその基盤となっているのである。

かくて、私の稿本は曲りなりにもでき上った。しかし、これを出版して、人々の参考に供するとなると、ここにまた一つの困難な問題にぶつかるのである。それは千数百年に亘るティベットの歴史を、一定のページの中に篏《は》め込むことである。もう一つの難関は稚拙な私の文章で、果たして複雑な史実を読者に判るように書き上げることができるかということである。特に大版図時代のティベット即ち吐蕃時代を、最少のページに表現することは、かなり骨の折れる仕事であった。とまれ私のティベット史概説は出来上って、上梓することとなった次第である。

思うに本書はティベット史の入門である。研究者の結論と結論とを綴り合せたものに過ぎない。もしさらに深く知りたい人たちは、巻末に附けておいた参考書により、それぞれの分野において研究を進めて貰いたい。なお私がティベット史を研究し、本書を出版するに至る間、資料の蒐集から校正まで早稲田大学教授松田《まつだ》壽男《ひさお》博士および同大学院の長澤《ながさわ》和俊《かずとし》君の協力を得た。ここに附記して感謝の意を表する。

昭和三十三年七月

著者

目次

第一章　秘境ティベットの概観

ここ数年来、カラコルム（karakorum）の探検や、ネパール（Nepal）の調査旅行、はたまたマナスル（Manaslu）の登頂等によって、内陸アジアの情勢も、次第に人々の注意をひくようになった。ティベットはこうしたヒマラヤ山脈やカラコルムの彼方に眠っている文字通りの極奥アジアであって、世界のどの国からも、此処に赴くのは容易なことではない。秘境といわれるゆえんである。

ティベットへの道は、すでにスェン・ヘディン（Sven Hedin）氏等が身をもって体験したように、多くの地理的な悪条件を備えている。北はターリム（Tārim）盆地、東は中国、南はインド、西はパミール（Pamir）高原に接壌《せつじよう》するこの国に赴《おもむ》くには、四囲いずれの地方からしても至難の旅を続けねばならない。例えば南方のインドからティベットに入るには、どうしてもヒマラヤ山脈を越えなければならないし、西方からは峨々《がが》たるパミールの数々の峻嶮《しゆんけん》を、更にチァンタン（Changtang）高原西部の荒涼たる砂礫《されき》と鹹湖《かんこ》の地域を通らねばならない。また東方の四川省からラサ（Lhasa）までの道には、五〇〇〇メートルをこえる高峰の間を、揚子江・メコン（Mekhong）河・イラワジー（Irrawaddy）河等の上流が、深い襞《ひだ》を南北に刻みこんで、東西の往来を阻害しているし、北方モンゴリアからの道は長い砂漠と死の高原地帯が続くのである。

しかもティベットへの旅を妨げるものは、このような地理的な悪条件のみではない。この国は古くから厳重な鎖国主義をとり、その禁を破るものに対しては、厳しい刑罰が規定されていた。ダライ・ラマ（Dalai-Lama）の許可なくこの国に密入国しようとした者は、容赦なく生命を奪われ、時としては発見された場所から、四つ這いになって国境まで帰らせられた。しかも、その足の裏には、漆《うるし》を塗りつけられたといわれている。やがて陽が照りつけると、荒れはてた岩と砂ばかりの道は、灼けつくように熱くなり、掌《てのひら》や膝《ひざ》はすぐ皮膚がすりむけてしまう。漆にかぶれた足の裏には熱砂が激しく喰いこみ、まもなく密入国者は飢と渇きと苦痛にさいなまれ、七転八倒の苦しみのうちに、岩だらけの砂漠や、塩が結晶している乾《ひ》あがった湖底で死んでしまうのである。そのほか、匪賊の襲来とか、気候的悪条件とか数えあげればきりがない。古来、この国を訪れた者が少ないのは、こうした数々の悪条件に阻まれた結果である。

従って十九世紀の末頃に至るまで、過去数世紀の間、ティベットは世界で最も知られざる国の一つとして、多くの謎に包まれ、奇怪なラマ教に耽溺《たんでき》する禁断秘密の国とされてきた。だが今にして思えば、この時代はティベットの最も平和な時代の一つだったのである。十九世紀以降、イギリス、ロシアのあくなき帝国主義的政策の進展に伴って、ティベットには両国および清朝の勢力が波及し、激しい勢力争いをくりひろげるに至った。後章に詳述するように、その後、ティベットには一応中国の宗主権が承認されていたが、一九一一年の辛亥革命から第二次世界大戦が終る頃までは、ダライ・ラマの独立運動が功を奏して、半独立国的な形態が保たれていた。

しかし近代科学の驚くべき進歩、なかんずく、交通機関の発達は、遂にこの世界の極奥に眠る「ロスト・ワールド」の温存すら許さなくなった。それのみではない。今日のティベットは、中共軍の進駐以来、未開社会と文明社会、宗教世界と科学世界、古代社会と社会主義社会等々、数々の異質文明の交流・対決を展開する場として、全世界文化人の注目の的となっている。まして今日、我々の文化は、有機の世界から無機の世界に飛躍しつつあり、全土重畳《じゅうじょう》たる山岳・高原に蔽《おお》われているティベットが、ウラン資源や特殊金属資源の宝庫として、世界の垂涎《すいぜん》してやまぬ国となるのも遠い将来ではあるまい。ミサイル・人工衛星の現代科学から見れば、ティベットの地理的障害等はものの数ではない。軍事的にも経済的にも、この地域の有する価値は寔に重大である。

一九五〇年一〇月、中華人民共和国軍のティベット進駐こそは、かかる近代的改革の第一歩であった。一九五一年五月には中央人民政府とティベット地方人民政府との間に、十七条からなる条約が締結され、所謂《いわゆる》「中国の少数民族対策」の一環として、改革が進められている。かかる改革を推進しているのは、一九五六年四月に成立した「ティベット自治区準備委員会」であるが、この委員会の委員はダライ・ラマ側（ティベット地方政府）十五人、パンチェン・ラマ（Panchen Lama）側十人、西康省昌都《チャムド》地区十人、中央政府派遣幹部五人、寺院・大衆団体代表十一名からなり、主任委員はダライ・ラマ、第一副主任委員はパンチェン・ラマ、第二副主任委員は張国華である。このように一切の準備は次第に整えられつつあるが、実績はあまりはかばかしくない。現在、中共の少数民族対策は、名前のあげられるものだけでも四十六種におよんでいるが、この内、社会主義改造の着手されていないのはティベットだけである。毛沢東主席も、

ティベットは条件がまだ熟さないため、民主改革を実行していない。中央とティベット政府の十七条の協定により、社会制度の改革は必ず行われなければならないが、いつ行うかは、ティベットの大多数の人民大衆と指導者の判断によって決めるべきで、急いではならない。（演説「人民内部の矛盾を正確に処理する問題について」――の一節）

と述べ、現在の第二次五ケ年計画中には改革は行わず、第三次五ケ年計画によって行うかどうかも、その時の状況によって決定することを明らかにした。この見解は中央政府の諸政策に対するティベットの強靭な反抗と、社会の不安定を示唆《しさ》するもので、今後も社会主義改造に対する抵抗は相当強烈であると見なければならない。前掲の毛主席の演説からも窺われるように、中共の政策はヨーロッパ的な武断主義でなく、極めて寛容の精神に富んだものであるが、にも係《かかわ》らず後述するような数々の動揺が頻発していることは、その政策にまだ幾許《いくばく》かの欠陥があることを示している。つまりティベットの近代化は、従来のこの国の文化――とくにラマ教――

について、深い理解と同情のもとに、ある面は漸進的に、ある面では果敢に敢行されなければならない。この点からみてもティベットの史的理解は、極めて重要であるといえよう。

このように、ティベットの歴史的地理的解明は刻下の急務であるにも係らず、この問題はいままで最も未開拓のジャンルであり、特にその歴史は、文献的な制約などのために、極めて不明瞭であるが、以下の各章でなるべく具体的にその素描を試みようとおもう。ただその前にしばらくティベットの国名・民族・言語等について、簡潔に解説を附することにする。

国名　わが国では普通「西蔵」と書いてティベットと読んでいる。しかしこれはまことに筋の通らない呼び方であるといわねはならない。たまたま中国で西蔵と書く地方が、ヨーロッパでティベットと呼ぶ地方と、地域的に一致していることから慣用されたもので、正しい呼び名ではない。大体西蔵という語は清朝になってから用いられだしたものであって、もともと蔵《ツアン》とは西部ティベットをさし、同様に東部ティベットを意味する衛とともに、衛蔵と併記されて広くティベットの呼称となった。やがて転じて蔵《ウ》の一字でも通用するようになり、中国から西方の蔵、即ち西蔵の字が使用されるようになったのである。明代にティベットのことを烏斯蔵と呼んだのは、烏斯＝Dbus＝Ü＝衛と蔵の意で、結局衛蔵と同義であり、一応ティベット本部を総称しているから、これは正しい呼称といえよう。

ヨーロッパ人のティベットという呼び名は、古いティベットの呼称 Tüpüt（突厥碑文）が、テュルク（突厥）人からウイグル（回鶻・回紇）人を通じてイスラーム教徒に伝えられ、そのアラビア語化した Tübet, Toböt が転訛して、ヨーロッパ人の Tibet という言葉になったのである。例えば十世紀中葉のアラビアの地理学者アル・イスタフリー（Muhammad al-Farsi al-Iṣtakhrī）はトバット（Tobbat）、旅行家アル・ビルーニー（Al Birunī）はティベット（Tibet）、ラビ・ベンジャミン（Rabbi Benjamin, 1165）はティベット（Thibet）、十三世紀の大旅行家プラノ・カルピニ（J. de Plano Carpini, 1247）はタベット（Thabet）、ルブルク（Rubruquis, 1253）、マルコ・ポーロ（Marco Polo, 1298）はテベット（Tebet）、イブン・バツータ（Ibn Batuta, 1340）はタバット（Thabat）と呼んでいる。

この古いティベットの呼称 Tŭpüt の語原は、いま中部ティベット人が彼等の住地を自らしていうトゥボッド（Stod-bod 上高地の意）から出たものであろう。ティベット人はもともと自分達の国をボッドと呼び、その中心部を「高いボッド」といっていたので、トゥボッドとなり、やがてこれがテュルク人を経て西方諸国に伝えられ、ティベットと転訛したのである。唐代の吐蕃、元代の土伯特、塗勃特、図伯特等も皆この音訳にほかならない。この「ボッド」という呼び名は、古くからインドにも知られていたと見え、サンスクリット文献には、ティベットがボータ（Bhota）という名で現われている。プトレマイオス（Ptolemaios）の地理書に見えるボーテー（Bautae）なる地名も、またボッドに由来するものといえよう。しかしプトレマイオスのボーテーについての智識は、内容的に極めてあいまいで、彼が正確にこの地域を認識していたとは認め得ない。とくにヘロドトス（Herodotus）に由来するイセドン（Issedon）人を、ボーテーと同地域に比定しているが、これは全く疑わしい。つまり現行のティベットという呼称は、ギリシャ時代のボーテーに淵源《えんげん》するものではなく、前述のようにテュルクからアラビアを経て西伝したものと思われる。一方、この「ボッド」という呼び名は、青木文教氏の説によれば「叫び・感叫、発吐」等の意味を有するが、この名は中国文献にも古くから表われている。中国文献に最も早く現れるティベット人の呼名は、「氐羌」（詩経・前漢書地理志・後漢書西羌伝）等である。これは古代中国の西方辺境にいたティベット人を古代中国人が呼んだもので、国名ではなく民族に対しての呼び名である。氐は「卑賤なもの」の義で、中華思想により辺境蕃族を蔑視した称呼、羌は「羊人——即ち遊牧民」を意味する。「ボッド」の音訳と思われるものは左伝等に「髳《ボウ》」等の民族名が散見するが、倉卒《そうそつ》に断定はできない。従来、最も確実視されているのは、隋書（巻八十三）西域伝に見える附国と、新唐書（巻二一六・上）吐蕃伝に見える発羌とである。これらはいずれもBodの訛音Po（プュ）の漢訳と考えられる。九世紀に唐とティベットが和平条約締結を記念して、ラサに建てた有名な「唐蕃会盟碑」には、ボットを蕃の字で誌している。

　また近世探検家の旅行記等で時にティベットをタングート（Tangut）と呼んでいるのは、東北ティベットに多く住んでいたタングート（党項）人がティベット族であり、モンゴル人がティベット人をタングートと呼んだりすることから来たものである。

民族 西はパミール高原から東は西康省・青海省におよぶ広汎な地域に住むティベット・ビルマ語族の一派をティベット族と総称する。種々の旅行記・調査報告等によると、これらのティベット族は、次の三種の系統を含んでいる。

1、アーリァン系　身長高く、眉目秀麗で貴族階級にしばしば見られる。

2、ホル系　中央アジアからの来住民ホル（Hor）を主体としており、所謂モンゴル系。人数は最も多くティベット人の主力。日本人によく似ている型。

3、原住民系　身長低く体格頑健。容貌は醜悪。主として南部ティベットに居住。

ティベット族の起原は明らかでないが、古く北方から数次に亘ってモンゴル系遊牧民がこの地方に移住し（年代不明。恐らく五世紀以前）、やがて南方インドからも何回かアーリァン系移民の流入があり、特に後者は次第にラサを中心とするエル・ツァソポ（Gyas-ru Gtsang-po）流域の支配権を確立していった。このような形跡は多くの開国伝説から推察することができる。ティベットには多数の方言が存在し、ティベット族自身がプパ（Bod-Pa ティベット人）と呼ぶのは、主として中央ティベット（ウとツァン）の人を指し、カム（Khams 西康）アムド（Amdo 青海）ホル（北ティベット）等の人々と区別しているが、これら各地域の言語・風俗はほとんど同じで、吐蕃のような強力な王権の出現した時代には、それぞれ一つに団結していた。

言語　ティベット人の言語は、言語の系統からみるとインドシナ語族の一分派ティベット・ビルマ語族に属する。親縁関係にあるシナ・タイ語族とは、音韻・語彙・文法に多くの類似点をもっているが、語の順序が主格＋目的格＋動詞で、後者の主格＋動詞＋目的格と異なる。インドシナ語族は所謂孤立語（Isolating language）の典型的なものである。単語は単音節よりなり、形式語（Form-word）を欠き、通常語形変化（Inflexion）を持たず、一定の規則に従って語と語とを結合させ文を構成する。例えば「母が子を打った」という文は、「母――能動――子――打撃――完了」という様に表現する。またティベット語はさかんに「テニヲハ」を用い、所謂膠着語《こうちゃくご》的性格を多分に持っているので、ティベット・ビルマ語系を主体としながらも、相当多くのアルタイ語族の要素がとり入れられていると主張する学者もある。

ティベット語の文法を詳細に説明することは、本書の目的ではないし、また紙数にも限りがあるので、詳細は他の専門書に譲ることとし、ここでは実用的見地から特に発音と名詞・動詞に関して簡単に説明を加えることにする。

ティベット語のアルファベットは、子音三〇と母音符号四とからなる。子音文字は常に母音aを附けて発音し、次の通りである。

ka	kha	ga	na
ca (tʃa)	cha	ja	na
ta	tha	da	na
pa	pha	ba	ma
tsa	tsha	dsa	wa

sha	za	ha	ya
ra	la	śa	sa
ha	a		

これに i, u, e, o の母音を示す符号を附加して ki, ku, ke, ko 等の文字を作る。

さて発音は数々の制約・異例があり、とくに複合子音の発音は仲々面倒である。本書には重実な固有名詞には、それぞれティベット語のローマ字綴りを附加しておいた。通覧に支障なき様、以下一般的な規則を列記してみよう。

1、添前詞（字）sa, la, ra は原則として発音しない。例 Rka《カ》, Rga《ガ》, Lka《カ》, Lga《ガ》, Ska《カ》

2、添後詞（字）ya は次の七つの子音に附加され、それぞれ特殊の発音を生ずる。

例 Kya《チャ》, Khya《チャ》, Gya《ヂャ》, Pya《ヂャ》, Phya《チャ》, Bya《ジャ》, Mya《ニャ》,

3、2の例外として Pya《チャ》, Bya《ジャ》に於いて、添前詞 ya がもし語根の前に、更に添前詞 d を有すると、複合音に発音せず、只 ya のみを発音する。ya に母音 i, u, e, o を各子音の上下に添接するときは、イー、イユ、イエ、イヨと発音する。

例 dByar《ヤル》, dByins《イン》, dByig《イク》, dBye《エ》, dByen《エン》, dPyad《ヤ》, dPyod《ヨ》, dByug-Pa《ユクパ》

4、子音 ra は次の十四の子音の次に添接し、このとき ra は発音せず、二子音複合して次の如く発音する。

例 Kra《チ》, Khra《チャ》, Gra《チャ》,

5、子音 ha は次の六子音の次に添接して複合子音を作る。このときの発音はサンスクリットと同じである。

Tra《チャ》, Thra《チャ》, Dra《チャ》, Nra《ナ》
Pra《チャ》, Phra《チャ》, Bra《チャ》, Mra《ムラ》,
Cra《シャ》, Sra《サ》, Hrh《フラ》

例 Gha《グハ》, Dha《ドハ》, Bha《ブハ》, Dsha《ヅハ》, Dha《ドハ》, Lha《ハ》

最後の Lha のみは基本子音 L を発音しないで、添後詞 ha は ha + sa の中間の音声を発音する。しかし二個の独立子音が連結するときは、基本父音のみを発音する。

例 Lha《ラ》-sa《サ》

6、子音 la は次の六子音の次に添接する。その内、K, G, B, R, S との複合子音はいずれも添後詞の la のみ発音し、Z との複合子音は語根のみ発音する。ただしこの場合 Za は Da と発音する。(Zla-Ba《ダワ》月)

例 Kla《ラ》, Gla《ラ》, Bla《ラ》, Rla《ラ》, Sla《ラ》, Zla《ラ》

7、子音 wa, va は次の十六の子音 K, Kh, G, C, N, T, D, Ts, Tsh, Sh, Z, R, L, C, S, H に添接し、それぞれ微かに発音される。

例 Kwa《クヴァ》, Khwa《クフヴァ》, Gwa《クヴァ》, Cwa《チヴァ》, etc.

8、複合子音は以上のように極めて複雑な発音を示すが、このほかティベット語の発音は地方によって強い訛がある。北部ティベット人の言葉は、西部ラダック地方のティベット人に通じない。例えばGyaはラダック、シッキム地方等では、原語のままGya《ギャ》と発音し、中央ティベットからモンゴリアにかけてはJa《ジャ》と発音される。またByaは複合音でCa《チャ》と発音するが、東部のカム、アムド地方等ではJa《ヂャ》モンゴリアではSha《シャ》（Ça《シャ》）と発音する。このような発音は方言による慣行であるから個々の例について調べるより仕方ない。

9、ティベット語をローマ字で書き表わす場合は、大体に於いて発音すべき語根のみを大文字で書き、添前詞、添後詞、添重複詞等は文法上時々変動して発音しないから小文字で書いてあることが多い。

ティベット語の語彙は、一般に具体的な事物については豊富であるが、抽象名詞は比較的少ない。そこでサンスクリット経典の翻訳に当っては、語の要素を機械的に置換えて、その欠を補った。例えばサンスクリットのjñâna（智）はśes-Pa, vijñana（識）はrNam-Pra-śes-Pa, Prajñâ（慧・般若）はśes-rabで表わしている。つまり翻訳に当ってこのrNam-Paがvi-rabがPra—を記すのに機械的に用いられたことが分かり、語彙の不足はこのようにして補われたのである。

品詞の区別は厳格でない。即ち同じ語基が用法によって、名詞にも動詞にも副詞にも用いられる。名詞に数（Number）の区別はなく、もし明確に表現する場合は、「一」「二」または「等」

に当たる語を名詞に附加して単数・複数を示す。名詞の格（Case）変化はなく、「テニヲハ」に当たる助辞を用いて格の関係を示す。つまり多分に膠着語的性格を有している。いまこれらの助辞を一表に示すと次の通りである。

名詞格例法一覧表

格	格例法	用例
主格	一般に助辞を添加しない。特殊な場合として業格・具格・為格等の助辞を転用することがある。	Saṇs-rgyas 仏陀が
業格	語尾に la, su, ru, r, du, tu, na を添加し、あるいは添加せず。	Saṇs-rgyas-su 仏陀を
具格	kyis, gyis, gis, yis, is, s を添加する。	Saṇs--rgyas-kyis 仏陀によって
為格	la, su, ru, r, du, tu, na を添加する。	Saṇs--rgyas-la 仏陀に
従格	las, nas を添加する。	Saṇs-rgyas-nas 仏陀より
属格	kyi, gyi, ï, yi を添加。	Saṇs--rgyas-kyi 仏陀の
於格	a, su, ru, du, tu, na を添加。	Saṇs--rgyas-su 仏陀へ
呼格	呼格詞を名詞 , 代名詞の前に附すか la を語尾に添加する。	Kye saṇs--rgyas 仏陀よ

形容詞はフランス語の如く名詞の後に置くか、さもなければ属格の形で名詞の前に置く。「この美しい花」という語は、「花・美しい・この」というか、「美しい花・この」というように配列する。比較級、最上級はそれぞれ Pasa（〜より）Cosa（最も〜）なる添後詞を形容詞の語尾に附して表わす。

動詞は規則動詞と不規則動詞とに大別され、不完全ながら三種の時制（Tense）即ち過去・現在・未来と、二種の態法（Mood, 直説法と命令法）を有する。数（Number）はないが動態（Voice）を有し、他動詞は常に具格を表わす助辞を添加している。動詞の格例法を表示すると次の通りである。（山口益博士著 西蔵語の系統一九頁参照）

動　詞　格　例　法

格	例
主　格	Klog pa 読むこと
業　格	Klog par 読むことを
同定格	Klog par 読まるべく 読まるごとに
為　格	Klog tu 読む為に
具　格	Klog pas 読むによりて 読みたるが故に
属　格	Klog rai 読む所の
従　格	Klog nas 読みたる後

その他詳細は参考文献を巻末に集録したから、それぞれ専著について研究されたい。

文字　ティベット文字は七世紀頃、インドのデーヴァナーガリー（Devānagarī）文字に模して作られたといわれている。かって二、三の学者によって、ティベット文字中央アジア起原説の唱えられたこともあったが、現在はインド起原説が定説である。即ち六三二年、吐蕃勃興の英主スロン・ツァン・ガム・ポ（Sron btsan sgam po）王が、宰相トン・ミ・アヌ（Thon mi anu）の子、トン・ミ・サンボータ（Thon mi sambhoṭa）をマガダ国に遣し、十六人の青年を随行させ、仏教やサンスクリットを学ばせたといわれる。トン・ミは帰国後、サンスクリットの文法を範にとり、ティベット語の文字を創成し、文法を完成した。現存する『トン・ミの文法』は、その時の著述であるとされている。ティベット文字・綴字法が完成したのは実にこの頃のことであって、故ラゥフェル（Laufer, B）氏の考証によれば、六三〇―四八年間のことといわれる。それ以前のティベットは、丁度漢字伝来以前の日本のように、刻木《こくぼく》・結縄《けつじょう》・絵文字等による無文字時代が続いていたと考えてよい。

さてトン・ミの創製といわれるティベット文字は、次図の如く三十の父音文字（A）と四母音文字（B）からなる。三十の父音文字は各々 a 母音を含むので、他の四母音、iueo を附加するときは、（C）の如く（B）の略号を（A）に附加して現わす。

ティベット語のアルファベット

(A)

ཀ Ka(k)	ཁ Kha(kh)	ག Ga(g)	ང Ṅa(ṅ)
ཅ Ca(c)	ཆ Cha(ch)	ཇ Ja(j)	ཉ Ña(ñ)
ཏ Ta(t)	ཐ Tha(th)	ད Da(d)	ན Na(n)
པ Pa(p)	ཕ Pha(ph)	བ Ba(b)	མ Ma(m)
ཙ Tsa(ts)	ཚ Tsha(tsh	ཛ Dsa(ds)	
ཞ Sha(sh)	ཤ Ça(ç)	ས Sa(s)	ཟ Za(z)
ཡ Ya(y)	ར Ra(r)	ལ La(l)	ཝ Wa(w)
འ Ḥa(ḥ)	ཧ Ha(h)	ཨ A(a)	

(B) ི i　ུ u　ེ e　ོ o

(C) ཀ Ka　ཀི Ki　ཀུ Ku　ཀེ Ke　ཀོ Ko

〔インドシナ語族の系統〕

- インドシナ語族
  - ティベット・ビルマ語族
    - ティベット語、ビルマ語、ネパール語、レプチャ語、ディマル語、ボド語、ナーガー語、カチン語、クーキ・チン語
  - シナ・タイ語族
    - 中国語、タイ語、ラオス語、シァン語、トー語、ディオィ語

このほか（A）を基本として上下左右に文字を添加し、複合体の文字を造る。数字は数詞と符号の二種があり、次の通りである。

I. 基　数（གཞི་གྲངས）

།གཅིག་	༡(༡),1.	།གཉིས་	༢(༢),2.
།གསུམ་	༣(༣),3.	།བཞི་	༤(༤),4.
།ལྔ་	༥(༥),5.	།དྲུག་	༦(༦),6.
།བདུན་	༧(༧),7.	།བརྒྱད་	༨(༨),8.
།དགུ་	༩(༩),9.	།བཅུ་	༡༠,10.
།བཅུ་གཅིག་	༡༡, 11.	།བཅུ་གཉིས་	༡༢, 12.
།བཅུ་གསུམ་	༡༣, 13.	།བཅུ་བཞི་	༡༤, 14.
།བཅོ་ལྔ་	༡༥, 15.	།བཅུ་དྲུག་	༡༦, 16.
།བཅུ་བདུན་	༡༧, 17.	།བཅུ་བརྒྱད་	༡༨, 18.
།བཅུ་དགུ་	༡༩, 19.	།ཉི་ཤུ་(ཐམ་པ)	༢༠, 20.
†།ཉེར་གཅིག་ །ཉི་ཤུ་*ཙ་གཅིག	༢༡, 21.	།ཉེར་གཉིས་	༢༢, 22.
		།སུམ་བཅུ(ཐམ་པ)	༣༠, 30.
།སུམ་བཅུ་རྩ་གཅིག་	༣༡, 31.	།བཞི་བཅུ(ཐམ་པ)	༤༠, 40.
།ཞེ་གཅིག་ །བཞི་བཅུ་རྩ་གཅིག་	༤༡, 41.	།ལྔ་བཅུ་	༥༠, 50.
།ང་གཅིག་ །ལྔ་བཅུ་རྩ་གཅིག་	༥༡, 51.	།རེ་གཅིག་ །དྲུག་བཅུ་རྩ་གཅིག་	༦༡, 61.

། བདུན་བཅུ་	༧༠, 70.	། དོན་གཅིག་ ། བདོན་བཅུ་རྩ་གཅིག་	༧༡, 71.
། བརྒྱད་བཅུ་	༨༠, 80.	། གྱ་གཅིག་ ། བརྒྱད་ཅུ་རྩ་གཅིག་	༨༡, 81.
། དགུ་བཅུ་	༩༠, 90.	། གོ་གཅིག་ ། དགུ་ཅུ་རྩ་གཅིག་	༩༡, 91.
། བརྒྱ(ཐམ་པ)	༡༠༠, 100.	། བརྒྱ་དང་གཅིག་	༡༠༡, 101.
། ཉིས་བརྒྱ་	༢༠༠, 200.	། སུམ་བརྒྱ་	༣༠༠, 300.

II. 序　　數(གྲངས་རིམ་པ)

། དང་པོ་	第一(最初)	། བཞི་པ་	第四
། གཉིས་པ་	第二	། ལྔ་པ་	第五
། གསུམ་པ་	第三	། དྲུག་པ	第六
། བདུན་པ་	第七	། བཅུ་གཅིག་པ་	第十一
། བརྒྱད་པ་	第八	། ཉི་ཤུ་རྩ་གཅིག་པ་	第二十一
། དགུ་པ་	第九	། སུམ་ཅུ་སོ་གཅིག་པ་	第三十一
། བཅུ་པ་	第十		

産業　ティベットの主な産業は、農業と牧畜である。しかし漠北のステップ地帯に見られるような純粋な遊牧生活は極めて少なく、ほとんどが定住生活を営み、半農半牧が多い。主として東部および北部ティベットは遊牧民が多く、中央ティベット、とくにツァンポ河の流域は農業民が多い。古来、ティベット史の主体をなすラサ王国は、この地域の農耕民の経済力を基盤に成立していた。ティベットではこの農耕・牧畜の両生活体は、完全に融和していて、ジュンガリアの遊牧民とターリム盆地のオアシス農耕民との間に見られるような両生活体の抗争・対立関係は見られない。地理的には海抜三、五〇〇メートル附近までは農業が行われ、それ以上の高地は牧畜経営が行われている。

農産物の主なものは大麦、小麦、大豆等である。自然的条件が悪い上に肥料も施されないので、収穫は極めて少ない。例えば麦作は一毛作で、しかも収穫は、種麦の六・七倍にすぎないといわれている。

牧畜は犛牛《ヤク》と羊と馬の飼育が主なもので、ティベットの旅行記には、このヤクがしばしば現れるが、この動物は全くティベットにふさわしい動物で、輸送用として盛んに使用され、毛皮は被服用に、肉は食用に文字通りティベット人の日常生活と切っても切れぬ関係にある。羊毛は衣類や絨氈《フエルト》の原料となり、ティベットの重要な輸出品でもある。またティベットの小馬は極めて敏捷《びんしよう》・頑健《がんけん》で、貴族も農民も男女を問わず皆これを乗用にしている。

現在はまだ未開拓の状態にあるが、将来、最も重要になると思われるのは、ティベットの地下資源である。この国の西部、インダス河の上流域が、古くからスヴァルナゴートラ（Suvarṇa-gotra　金姓国）の名で呼ばれた著名な金産国であったことは有名であるが、そのほか南ティベットやカム（Khams）にも豊富な金鉱があるといわれている。カムには金鉱ばかりでなく水銀やマンガン等も産出しており、中部には磁鉄鉱、北部には鉛、亜鉛、硝石、硫黄、岩塩等が産し、特に十数マイルにわたる石炭の露出層が見られるという。（多田等観著　チベット　七八―九頁）

ことに我々が興味をもつのはこの国のウラン資源である。とにかく全土皆山また山のこの国にあっては、どんなに貴重な且《か》つ莫大な金属資源が地下に埋蔵されているか、まさに想像を絶するものがあろう。今後の開発が切に期待されるゆえんであり、中華人民共和国の慎重な政策も単に軍事的のみでなく、このような資源開発の面を考慮してのことであろう。

ティベットの他の国との交易については、ワッデル（Lieut. Colonel Waddell）の名著「ラサとその神秘」（Lhasa and Its Mysteries）に要領のよい紹介がみられる。それによると、中国からティベットへの主な輸入品は、絹、カーペット、陶磁器、磚茶《たんちゃ》等であり、なかんずく、茶はティベット最大の輸入品である。モンゴリアからの輸入品は皮革製品、羊、馬、珊瑚《さんご》、琥《こ》珀《はく》、ダイヤモンド等で、この内、装飾品はヨーロッパからモンゴリアに輸出されたものと思われる。カム地方つまり四川省・西康省方面からの輸入品は、香料、果物、毛皮、象眼《ぞうがん》細工、馬具等であり、南方、シッキム（Sikkim）・ブータン（Bhutan）地方からは、米、砂糖、煙草、麝香《じゃこう》等、ネパールからは、ラシャ、インジゴー、珊瑚、真珠、真鍮《しんちゅう》製品、砂糖、香料等が輸入されている。西方のラダック（Ladakh）からは、サフラン、乾果、阿片、インド製品等が持ちこまれ、ラサの市場では、阿片は銀と同じ目方で取引されるという。

　これに反しティベットの諸外国への輸出品は、銀、金、塩、毛織物、羊毛、毛皮、薬品、麝香等で、とくにネパール、ラダック地方へは、硼砂《ほうしゃ》、金、小馬等である。

第二章　ティベットの自然環境

ティベットという国名を聞くと、一般の人にとっては、いかにも遠いお伽《と》ぎ話の国のような気がするであろう。其地は荒涼たるヒマラヤ山脈の北にあって、文字通りの世界の屋根であり、東は中国、西はパミール、北は崑崙山脈に囲まれた「ロスト・ワールド」である。面積は日本の五倍以上（約一九五万平方粁）もありながら、人口はたった二七〇万あまりで、わが国の静岡県の人口に近い。国土の大部分は海抜四〇〇〇メートル台で、半ば以上は四五〇〇メートルをこえている。

ティベット人は国土を、

1　アムド Amdo（青海方面）

2　カム Khams（東部ティベット）

3　ウ Dbus（衛または前蔵、中央ティベット）

4　ツァン Gtsan（蔵または後蔵、西部ティベット）

にわけているが、中国人はアムドは青海省、カムを西康省とし、ウとツァンのみを西蔵《シイツアン》と呼んでいる。

いま地理学上の観点から、次の三地域にわけて、ティベットの自然環境を概観してみよう。

一、中央部ティベット（崑崙山脈とチャンタン高原＝ウとツァンの大部分）
二、南部ティベット（インダス Indus・ツァンポ Raka Tsanpo 両河の流域＝ウとツァンの南部）
三、東部ティベット（青海・西康両省＝アムドとカム）

換言すれば、中央部は典型的な内陸アジア的乾燥地帯、南部はインド洋、東部は東シナ海のモンスーンの影響を受ける地方といえよう。

まず中央ティベット、即ちウとツァンの大部分は、いわゆるチャンタン高原であって、高原の北縁は崑崙山脈によって、新疆ウイグル（Uigur）自治区のターリム盆地と接続している。チャンタンはティベット語で北方の曠原《こうげん》の義で、東西二四〇〇キロメートル、南北七〇〇キロメートル、海抜平均四五〇〇メートル余りの荒涼たる地域である。

この地域には東西に走る幾つかの並行山脈があり、冬山脈の高度はいずれも五〇〇〇メートルから六〇〇〇メートルに達するのであるが、前述したように高原自体の高さが四五〇〇メートルもあるので、高度の割には高く見えない。山脈と山脈との間の谷は幅が広く、山腹の傾斜も比較的ゆるやかである。これらの谷は多くの小盆地に分かれ、それぞれ一個ないし数個の湖沼を湛えている。チャンタン高原全体に亘って、このような無数の湖沼群が点在する。これらの湖沼は、数個が同一水系に属するものもあり、大部分は鹹湖《かんこ》で、その湖岸からは沙塩・ソーダ・硼砂等が産出される。これは南部ティベットやネパールへの重要な輸出品となっている。この湖沼群は、周囲の山々に落ちる乏しい雨水の集まりであるが、海へのはけ口は無論なく、深度はいずれも浅く、気候の極端な乾燥により、湖水面の低下、湖面積縮小の傾向が顕著である。なかでも有名なのはラサの北にあるテングリ・ノル（Tengri-nor）で、この湖はチァンタン地方最大の湖といわれ、ティベット人は霊湖としており、巡礼がその湖畔を巡遊する。その水面は海抜四六三〇メートルで、わが富士山よりなお八〇〇メートルも高い所にある。いかにチァンタン高原が高いかが理解されよう。このような高原でも大根や馬鈴薯は育つが、穀物は一粒もとれない。全域ほとんど無住地域であるが、稀に遊牧民がヤク、ロバ、羊、カモシカ等の牧畜をしたり、狩猟をしたりして生計をたてている。

チァンタン高原の北縁に崛起《くっき》する崑崙山脈は、パミール（Pamir）高原およびカラコルム（Kara-korum）山脈北端部から、ターリム（Tarim）盆地の南縁を画して東に走り、東経八六度附近から数条に分裂して、祁連山脈、ココシリ（Koko-shili）山脈、バヤンカラ（Baien-kara）山脈等となっている。

やがて中国本部に入るものは秦嶺となり、南下する諸脈はインドシナ山系に接続する。崑崙山脈の西端はカラコルムの最高峰ゴドゥイン・オースチン山（Godwin Austin いわゆるK2―八六一一メートル）で、崑崙山脈にも七〇〇〇メートル以上の高峰は、クンルン一号（Kunlun No. 1., 7,409m）ムズタグ（Muztagh 7,282m）を初め七峰を算する。しかしこうした高峰の間隙を縫って、僅《わず》かな山なみの割れ目に峠道があり、ティベットとターリム盆地の住民との間に、細々ながら文化交渉が営まれていたようである。

第二に南部ティベットは、チァンタン高原とヒマラヤ（Himalaya）山脈・トランスヒマラヤ（Transhimalaya）山脈との間に、インダス（Indus）、ガンジス（Ganges）、ブラマプトラ（Bra-hmaptra）等の諸大河上流によって刻みこまれた、深い渓谷地帯で、特にツァンポ河の流域は、エル・ツァンポ（Gyas-ru Gtsang-po）と呼ばれる肥沃な農耕地帯を形成している。荒れはてたチァンタン高原の南縁に、緑の色も鮮やかに刻みつけられた此等の渓谷地帯こそは、いわばティベットの心臓部にほかならない。古来、文化の中心であった首都ラサ（Lhasa）を初め、旧都サムエ（Bsam-yas）後蔵《ツァン》の主部シガツェ（Gsiš-ka-rtse）、商業都市ギャンツェ（Rgyal-rtse）、ツェタン（Rtse-t'ang）などの重要都市は、みなこの地域に存在する。西方、インダス河の上流地域にも、ガルトク（Gartok）、ルドク（Rudok）、レー（Leh）等の諸都市がある。

この南部ティベット地方は、インド洋方面からのモンスーンの影響で、ティベットでは最も雨量が多い地方である。この地域の景観はチァンタン高原のような所謂ティベット的地貌《ちぼう》から、縁辺的地貌に推移しつつあるといわれる。現在、この地方の河間の諸所に残る沙漠・鹹性《かんせい》ステップ・鹹湖などは、高原時代地貌の名残りである。つまりこの地方一帯は、かつての褶曲《しゅうきょく》山地からチァンタン高原の如きティベット的地貌を経て、現在、東部ティベットに見られるような高山型縁辺的地貌に変化しつつある過程にあると見られる。西から東へ流れるツァンポ河に流れ込む数多くの支流が、東から西へ流れていることは、ヒマラヤの急激な隆起が流路の変更を齎《もたら》した事実を裏書きしている。

渓谷の南側には、エヴェレスト（Everest, 8,840m）、カンチェンジュンガ（Kanchenjunga, 8,579m）ダウラギリ（Dhaulagiri, 8167m）、マナスル（Manaslu, 8,125m）など、世界一流の高峰が重畳と聳《そび》えている。云うまでもなくエヴェレストという名は、この山の最初の観測者の名に因《ちな》んだものであり、カンチェンジュンガとは五つの雪蔵の意味で、頂上が五つの峰からできているためである。しかしティベット人やインド人が特に神山として崇拝しているのはカイラーサ（Kai-las）山で、この山は高さこそ六六五〇メートルであるが、万古不滅の雪を頂いて美しくチャンタンに屹起するその姿は、彼等の特に尊崇するシヴァ神そのものとさえ考えられている。この地方には有名なヤムドクツォ湖（Yamdoktso 羊卓雍湖）や、マナサロワル湖（Manasarowar 瑪那薩沃湖）等がある。前者はラサの南方、ヒマラヤ山脈の北側、海抜四五〇〇メートル余の高所にあって、ティベット第一の絶景とされ、後者はヒマラヤとカイラーサ山の中間、海抜四五七五メートルの高所にある霊湖で、古来ティベットやインドの巡礼者が絶えない。仏典に阿耨達池とか無熱悩池などと記されているのはこの湖であるといわれる。マナサロワル湖はブラマプトラ河の水源で、この大河が南部ティベットを貫流する部分が前述のツァンポ河である。ツァンポ河は延々三〇〇〇キロメートル余り東流の後、アッサム（Assam）の北方でヒマラヤの山腹中に流入し姿を消してしまう。流入口は怒涛《どとう》逆まき轟音天に沖《ちゅう》して、全山鳴動する凄まじさだという。ティベット人は河水が悪魔の口から流れ込み、その五臓六腑をめぐるのだと考え、流入口を「魔の山」と名付けている。

第三に東部ティベットは、チャンタン高原と中国との間にある東アジア水系（黄河・揚子江・メコン河・サルウィン河等）の水源地方で、さきに触れたように崑崙山脈の支脈、バヤンカラ山脈によって、アムドとカムに二分されている。

アムドは東経八六度附近で分裂、東南走する崑崙主脈と、ターリム盆地の南縁を形成するアルチン（Altyn-tagh）山脈・祁連山脈（南山山脈）とに挟まれた沈降部で、青海盆地（ココノル Kuku-nor）と柴達木盆地（ツァイダム Tsaidam）に大別される。

青海盆地の中心はいうまでもなく青海《ココ・ノール》で、この大湖は祁連山脈東部の海抜三〇四〇メートルの沈降部にある。青海の名は水色に因むもので、ココ・ノルというモンゴル語も青い海の意である。ここには布喀河等が流入し、塩分は比較的少ない。水深は季節によって異なるが、最深部でも一八メートルにすぎない。近年、面積・水深ともに次第に縮小しつつあるという。湖心の小島海心山にはラマ寺があり、冬季結氷期には氷上を参拝者が往来する。古来、牧馬をここに放てば湖中の竜に感応して竜駒を得るとの伝説があり、附近には多くの沼沢《しょうたく》を持ち、湖畔の草地は、遊牧民の絶好の放牧地である。ティベットが最盛を誇った吐蕃時代も、この地方は中国・甘粛地方への最も重要な軍事基地であった。

柴達木盆地は青海の西方、ココシリ（Kokoshili）山脈とアルチン山脈に挟まれた海抜二五〇〇～二七〇〇メートルの一大窪地で、北部は鹹性沙漠、南部は鹹性湿地を形成している。周辺の山々から数条の乏しい水流が流入しているが、いずれも鹹湖あるいは沼沢中に没して、河水さえ鹹味を帯びているといわれ、山麓地方を除いては植物の生育も見られない。しかしこの盆地はティベット本部や青海地方から西域南道へ通ずる要路として、しばしば利用せられた形跡が見え、その東西交通史上の意義はまことに重要である。五世紀から七世紀にかけて東西交易に顕著な動きを見せた吐谷渾や、八―九世紀にしばしばターリム盆地を席捲した吐蕃は盛んにこの盆地を貫くルートを利用したようである。このほかアムド、特に青海地方のティベット族の動向は古くから中国人にも注目され、紀元三世紀頃、既に氐・羌などの名で中国史乗に盛られている。

カムは前述したように黄河・揚子江以下、インドシナ半島に流出するメコン・サルウィン河等の上流域で、この地方はモンスーンの影響で雨量も多く、地形は急峻を極める。急斜する山腹は谷底より数千メートルも高く聳え、南部ティベットより更に開析の進んだ高山型地貌を示している。黄河と揚子河とは崑崙山脈の一支、バヤンカラ山脈の北面と南面から発し、（同水源説もある）この山脈の南を走るダングラ（Dangla）山脈は、メコン河とサルウィン河の分水嶺をなしている。最初西北西から東南東に走っているこれらの諸山脈は、東向するにつれて次第に南北に方向を転じ、インドシナ山系に接続する。数条の並行山脈とその間を縫う峡谷とは、雄大険峻な地形を繰り展げ、そのため、この地方からティベットに入るのは極めて難しい。

雨量は豊富なので、山巓には白雪皚々《がいがい》と輝き、所々氷河があり、中腹以下は鬱蒼たる森林に蔽われている。しかし海抜五〇〇〇メートル内外の峡谷には、河岸の段丘に耕地が開けており、乏しいながら聚落《しゅうらく》が点在している。これらの聚落は一般に、山の南側または東側の斜面に限って形成される。

このようにティベットは土地が一般に高く、しかも大陸の中央部にあるので、その気候は典型的な大陸性、かつ高原型である。特にチァンタン高原の如きは、湿度は極端な乾燥を示し、特に冬季の寒冷が著しい。高原の十二月〜一月の平均気温は零下一五度内外といわれるが、夜半から朝にかけては零下四〇度に達するという。これに烈しい北風が伴うと更に寒気が倍加するのである。しかしティベットの中心部であるラサ地方の気候は、次に示すように多田等観氏の体験記によると頗《すこぶ》る温和である。

かように西蔵は土地が一般に甚《はなは》だ高いので、寒気が非常に強いように想像している人がある。しかし実際は必ずしもそうでない。特にラサの気候は頗る温和である。但、最も寒い時期は、やはり一月、二月であって、摂氏零下二〇度まで降ることがある。しかし冬季は概ね晴天が続き、日光の直射をうけるので甚だ凌ぎ易い。これに反し、北部のチァンタン地方では、寒気厳しく、夏季でも毛皮の著物《きもの》を必要とする位である。またラサで暑いのは七、八月で、最高温度は華氏八五、六度に昇る。雨は夏季に多く、気候の移り変りにも多少はある。一年の雨量は三十インチ程度で、その結果、日本に比して極めて湿度が低い。それがため寒暑ともに、吾々の身体に感ずる程度は烈しくない。雪は南方ヒマラヤ方面に多く、ラサでは稀に一、二寸積ることもある。(多田等観著　チベット――岩波新書――七六頁)

このようにティベットは、東および南アジアの大河の上流域にあり、山また山に囲まれた世界の屋根であって、文明圏から全く隔絶された秘境と思われ勝ちである。しかし山がいかに高く聳えようと、人々はそれを乗りこえてゆく。ティベット人たちは灼熱の砂礫地を横切り、七彩に輝く氷河の峠をこえて、インドや中国、カシュミール、モンゴリア等に往来した。想えばこうした渉外性――異質文明との接触――こそは、ティベット文化の母胎であり、直接その経済力、ひいては国力の伸縮に影響する最も重要な要素であった。殊にティベットのような広漠たる地域の考察には、単に文化の問題のみでなく、一切の現象においても、かかるルート即ち国際的路線の研究、解明は極めて重要である。これらの諸ルートは、いわばティベットの動脈というべきものであって、この点を理解してこそ、初めてティベットにまつわる幾多の謎が明らかにされるのである。

こうした諸ルートのうち、最も重要なものはまず「インド路」である。ラサからギャンツェ(Gyantse)を経、チュンビ(Chumbi)渓谷からカリムポン(Kalimpong・Bka-blonh-spung)

に達するルートは、古来、最も重要な西・印連絡路であった。唐代に中国からインドに赴いた王玄策の西使の如きも、このルートによったのであろう。しかし更に短いのは、ラサから斉塘《ツェンダ》(Tse-tang)・タワン(Tawang)を経てダージリン(Darjeeling)に至るルートで、この両者はともに古代から利用されていた。

ティベットからパミールを経て西アジアに連絡する「カシュミール(Kashmir)路」は、ラサからラダック(Ladakh)の首都レー(Leh)を経て、カシュミールの首都スリナガル(Srinagar)に達している。前述したようにインダス上流地方は古くからスヴァルナゴートラ(金姓)と呼ばれ、産金をもって有名であり、中国史料にも女国の名で知られている。更に七世紀、吐蕃の全盛時代に、ターリム盆地から進出した唐と、パミールの争覇戦が展開されたのもこのルートによるのである。

ティベットと中国を連絡するルートは、青海経由と四川経由の二道がある。前者はラサからナグチュカ(Nag-chu-ka)、ジェクンド(Jekund)を経て、ココノール(青海)に出で、ここから西寧を経由して、東は中国、北はモンゴリア(Mongolia)にまで伸びている。青海地方は古くからティベット人の重要な根拠地であった。ことに六世紀以後、中国との関係が深まるとともに、このルートの重要性は倍加した。八世紀後半にはティベット人はここから中国の中心部を蹂躪《じゅうりん》している。

やがてラマ教の擡頭《たいとう》とともに、ティベットは次第にその渉外性を失ってゆくのであるが、ここを経由してモンゴリアに達するルートのみは例外で、時代の推移とともに、ますます宗教的な重要性を増していった。いわゆるラマ教圏の動脈で、今日意外なほどにモンゴリアにティベットの宗教文化が浸潤《しんじゅん》し、またティベット東北部にモンゴル人が移住し、辺境文化のモンゴル化が行われているのは、皆このためである。

後者つまりラサから東方、四川に達するルートも、ティベットの重要なキャラバン・ルートの一つである。ラサからチャムドを経て、道は二分し、一線は巴塘《パタン》（Patang）・裏塘《リタン》（理化・Li-hua）を経て打箭炉《ターチエンル》（康定 Kangting）に、また北走するものは甘孜《カンぜ》（Kantge）・道孚《タオフ》（Tao-fu）を経て康定に達する。康定は中国人とティベット人の人種的な境界線であるとともに、双方の貨物の集散地でもあり、全くの国境都市である。それのみでなく、かつてティベットの全盛期には、この地方は重要なティベット軍の人的資源の供給地でもあった。

更に意外にもラサから中央アジアをこえて、ウルガ（Urga）に達する重要な一線がある。ラサから北方へナグチュカを経、ここからチァンタン高原・ツァイダム盆地を北上して敦煌に達し、更にゴビ沙漠をこえてウルガに達するルートで、この路線は十三世紀以降盛んに用いられ、前述の青海・蒙古路とともに、シベリアとティベットを連絡していた。

このようにみてくると、千古の雪を頂く高峰にかこまれて、長い間鎖国を続けてきたこの国も、その実は四通八達《しつうはったつ》の国際交通路線上にあったことが理解されるであろう。ティベットはまさしく世界の屋根ではあるが、決して行き詰りの国ではなく、従来多くの人々が見てきたように、一切外国から遮断され、世界から孤立した国とのみみる見方は、大いに改められねばならないであろう。

第三章　ティベットの開国伝説

ティベットの古代は、幾多の疑問に蔽われている。この国の歴史が初めて明確になるのは六世紀の後半からであって、それまでの歴史はいわゆる伝説時代にほかならない。しかしだからといって、すぐ古代のティベットを未開の国とみなすことはできない。わが日本の歴史をみても、五、六世紀以前は極めて不透明で、中国の文化が伝来してから、漸《ようや》く明瞭となってくるようなものである。

この国の古代については、後世にティベット人自身が書き残した史書、プトン（Bu-ston）の仏教史や、テプテルゴンポ（Deb-t'er-sngon-po）、パクサムジョンサン（Dpag-bsam-ljon-bsang）等にいろいろな伝説が記されている。勿論こうした諸伝説を、そのまま真の歴史とみることはできない。しかしこれらの伝説をよく読んでみると、ティベットの古代にまつわるいろいろな真実がほのめかされている。将来、考古学的発掘が進み、その研究がなされるならば、その裏づけによって多くの史実が明らかにされるであろう。

ティベットの開国にまつわる諸伝説はきわめて多いが、以下その主なものを紹介して、そこにひそむ史相を指摘してみよう。

〔A〕マニカンブム（Manibkah-hbum：スロン・ツァン・ガム・ポ Srong-btsan-sgam-po の遺訓を集録した西蔵仏教の聖典）に見える説話。

伝説によれば、ティベット人は猿の子孫である。この猿はもともと阿弥陀如来の命令で、ティベットを仏教化しようとした観世音菩薩の化身であった。彼はある時、魔性の女にいい寄られ、二人は結婚した。そして化物のような六人の子が生まれた。生まれた子は猿と同じように毛が生え、長い尾がついていたが、父親が一心に愛撫しているうちに、毛はなくなり尾は短くなって、ついに人間に変わったのである。

彼等は観音から授かった大麦、小麦、大豆、小豆、籾等の七種の穀物を、ウ即ち中央ティベットの地に蒔《ま》き、観音は二人の婚姻を祝して、金・銀・銅・鉄等の粉末を雪有国（ティベット）にまき散らした。その後、この国は年々豊かな稔《みの》りに恵まれ、鉱物資源も豊富だったので、次第に人口もふえ、繁栄していった。かくて最初の王をインドから迎えた。しかしその後、幾世紀の間は、仏教の布教がみられなくなったので、観音は再び化身して、第三三代の国王スロン・ツァン・ガム・ポとなり、大いに仏教を宣揚したという。

この伝説はいわゆる仏教説話として、ティベットの古代にまつわる多くの史実を暗示する、極めて重要な開国伝説である。

〔B〕パクサムジョンサンに見える説話

昔、ティベット南部のヤールン（Yar-lung）地方のある高い山頂に、異様な人影が現われた。たまたま国神《ユルハ》を祭っていた十二人の里人達が、これを見つけ、

「貴方は誰か、何処から来たのか。」

と尋ねると、彼は悠然と、

「我は王者（Btsan-po）である。」

と答えて、指で天をさした。里人達はこれこそ天上から降臨した神の子で、ティベット国王としてふさわしい人物であると信じ、彼を肩輿にのせて奉迎し、王位につけ、肩輿王者《ニャティツェンポ》（Gnya-kri-btsan-po）と称した。以後、この王の子孫が代々王位を継承したという。

これはティベット古来のボン教（天神崇拝）にまつわる天神降臨説である。ボン教については後述する。

〔C〕アルタン・トプチ（Altan-tobči・蒙古年代記）に見える説話

〔西蔵の王統〕　インドのマガダ国のコーサラ王の子で、サルバという王に五人の子があった。その末の子は生まれたとき眉毛が青く、手足が扁《ひらた》く、眼は上方に閉じていた。

そこで、

「この子は昔の一族に似ていない」といって、銅の箱にいれて恒河に棄ててしまった。ところがネパールとティベットの国境の河畔で、一人のティベットの老翁がこの箱を拾った。開けてみると、美しい男の子が入っていた。養われて十六才になったとき、高くて善い土地を探し、雪山の方へやってくると、ティベット人に出会った。

「何処から来たのか。」

と訊ねたところ、ただ上の方を指した。

ティベット人は、

「この子は天の命を受けているのだ。われわれの国には王が無いから、この者を王としよう。」

といって、頸にのせて帰った。これが即ちティベット最初の王クチェグン・サンダリト・ハガン（ティベット語ニャ・ティ・ツァンポ）である。その子は「七人の尊き椅子を有する王」であった。……

これは〔B〕の説話に、仏教的な考え方が附加されたものと考えられる。以上のほか、ティベットの成因その他について、看過し得ないのは、次に述べるテプテル・ゴンポ（青冊）の一節である。

〔D〕テプテル・ゴンポに見える説話。

初めて訪れた時には、ティベットは水に浸っていた。再度訪れた時には、水はひいて、そこここに叢林《そうりん》が現れ、鹿の徘徊するのが見えた。……ティベットは初め十二カ国が集合してできていたのであるが、少しも栄えなかった。その統治者が一人も仏教に奉仕しなかったためで、国の歴史はそこで止まって展開しなかった。

以上の諸伝説は、それぞれあくまで伝説ではあるが、仔細に検討すれば数々の重要な史実を仄示している。

第一にこれらの諸伝説に共通な特徴は、まず極めて仏教的な色彩が強いことである。これはティベット史の取扱いに慎重な注意を要する所であり、またティベット人の並々ならぬ宗教的関心を物語っているものと見られる。ティベットの近世史がラマ教によって一貫されていることを想起する必要がある。これに反し〔B〕のパクサムジョンサンに見える説話は、仏教以前のティベットの原始的なボン教思想の現れたものとして、注目に値する。なおティベット人の祖先を猿とする説は、早くから中国にも伝わったものと見え、七世紀の初の中国の史書、隋書にも、

党項羌《タングート》なるものは三苗の後なり。その中に宕昌、白狼あり。皆自ら獮猴種と称す。

と記されている。

第二に国王《ツアンポ》とされた人が、皆南方のインド方面から現れていることは注意を要する。パクサ

ムジョンサンにはこのほか、ティベット人の起源について、

仏陀の生まれる前、パーンダバの五王子と戦って敗れたカウラバ王の部下の一隊が、ルパティという男に率いられ、女装してティベットに逃れた。

と伝えている。こうした諸伝説は、少なくも南部ティベットの住民、とくにその支配層には、インドからの移民が多かったことを想像せしめる。

第三に、伝説の舞台が大体において、ツァンポ河の流域、いわゆるエル・ツァンポの豊沃な地域であることである。これは古代ティベット人がこの地域を主要な活動範囲としていたことを示している。

第四に天神降臨説やインド王子の入国説は、古代ティベットの統一が、いずれも激しい戦闘の結果でなく、比較的温和な部族同盟によって成立したことを裏書きしている。また〔B〕の十二人の里人や、〔D〕の十二国という記録は、統一前、すでに多数の部族がそれぞれ独立していたことを物語っている。

第五に、魔女と結婚した猿猴《えんこう》が、観音から教わった農業を営んで、ティベット人の主流となっ

たことは、ほかの未開社会の発展と同じく、恐らくはインドからの輸入または移住によって農業を知った部族が、次第に遊牧的な生産を主体としていた各部族を統合していったことを暗示する。また、農業と同時に鉱産についても注目されていることが注意されよう。

第六に看過できないのはボン教（ポンポ教）の影響である。ボン教とはシャーマニズム（Shamanism）の要素の濃厚なティベット人の原始宗教である。その宗旨・形態は今日ではラマ教と全く混淆《こんこう》して、あまり明確でない。ティベット学の権威エシケ氏（H. A. Jaschke）は、その蔵英辞典に、「ボンとはティベット古代の宗教名である。これを完全に叙述したものはない。ただそれは魔法をもって、主な宗風としていることは確かである。仏教が国教となってから、ボン教は異端とされた。」と述べ、またチャンドラ・ダス氏（Chandra Das）は、「ティベットの古代宗教で、庶物崇拝や鬼魔崇拝をなし、呪詛によって贖罪することを教えたものである。……しかし現在ではシャーマニズムの一種であることがわかっている。仏教伝来以前、ティベット人の信奉した宗教であるが、現在もなお若干流布されている。」と述べている。多くの旅行記やチャールズ・ベル氏（Charles Bell）の説からみても、その本質は霊魂崇拝や呪術・舞踏・動物および人身の供犠など、シャーマニズム的な性格をもつものであることは疑いない。

ボン教は仏教の伝来（七世紀）以後、これと烈しく対立し、常に弾圧されたが、民族固有の伝統であるこの教は、今日でも東部ティベットに行われている。両教は互いに影響をうけ、現在のボン教中で最も古い形態を残しているといわれる黒教も、比較的仏教に似ている白教も、活仏・寺院・学校、はては聖典まで、ほとんどラマ教的な形態をもっている。

つまりボン教とラマ教の関係は、わが国の神道と仏教の関係とよく似ている。わが日本にも仏教伝来以前、既にシャーマニズム的傾向の強い神道があったことは周知の事実である。仏教が伝来すると、神道は初めこれに反撥し、やがて神仏習合によって、これと混淆して行った。ティベットに於いてもこれと同様の現象がみられるが、結果的にはわが神道よりずっと深刻な波紋をその歴史に投じている。

有名なボン教の三経典（十万白龍《ルーブン・カルポ》 Klu-hbum-dkar-po・十万黒龍《ルーブン・ナクポ》 Klu-hbum-nag-po・十万斑龍《ルーブン・チャポ》 Klu-hbum-k'a-po）の一である「十万白龍」は、わが寺本婉雅氏の訳（帝国出版協会明治三十九年刊）があるが、この書はボン教の開祖トンバ・シェンラブ（sTon-pa-gshen-rabs）の口述したボン教教義であるといわれる。しかしこの開祖をトンバ・シェンラブとするのも、ラマ紅教の蓮華生に模した後世の仮託であり、問題の「十万白龍」も明らかにラマ経典に基づいて、ボン教思想を説いたもので、直ちにこれをもって古代ボン教思想となすことはできない。

第四章　ティベットの古代

ティベットにいつ頃から人類が住むようになったかは、考古学的発掘のほとんど行われていないこの国では、全く不明のことに属する。だが地球上の他の諸地域と同じように、ティベットにもごく古くから、人類が生活していたことは、この地方のその後の歴史的発展からみて否定できぬ事実である。しかし従来、多くの学者が肯定したように、ヘロドトス（Herodotus）のイッセドネス人（Issedones）を、直ちにティベット人に比定するのも如何かと思われる。

歴史の父、ヘロドトスがアリステアス（Aristeas）の詩によって、スキタイの東方貿易路を記述している所に、次のような一節がある。

イッセドネス人は次の如き風習を遵守していると云われる。人の父が歿《ぼっ》すると、あらゆる縁者が羊を伴い来った上、それを生贄に捧げ、そしてその肉も饗応者《きょうおうしゃ》の亡くなった親の肉も切り刻み、それらの肉を悉く《ことごと》混ぜ合わせた上、馳走に供するのである。彼の頭部は皮を剝がして綺麗にした上で金箔を塗り、そしてそれが済むとそれを礼拝の対象として遇し、毎年盛大な生贄を捧げて祀る。あたかもギリシャ人が年忌を営むように、息子は父のためにそれを行うのである。斯《か》かる点を別とすれば、彼等とても正義を尊ぶ人間

であるといわれており、また婦人は男子と平等なる権利を享有しているとのことである。（青木厳氏訳）

これについて中世以後の多くの旅行家は、無批判にイッセドネス＝ティベット説を支持し、近世ではトマシェック氏（Tomaschek）をはじめ内外の学者がこれに賛意を表している。

しかしこのイッセドネス＝ティベット説は、単にこの民族の髑髏《どくろ》使用の習俗に眩惑《げんわく》されて、歴史の趨勢《すうせい》を誤った謬説《びゅうせつ》であるといわねばならぬ。大体ウラル山脈以東のヘロドトスの記述は、極めて曖昧である。またこの説を支持する人々は、その確立を急ぐあまり、ヘロドトスの叙述を著しく拡大解釈した嫌いがある。例えばイッセドネス人は平和を好むといえば、直ちにこの人々が水草を逐《お》う遊牧の民でなく、城郭を有し耕作商業に従事する人々であると考察した如き、婦人が男子と平等の権利をもつという記録から、共妻の習慣ありと結論した如きはその好例である。

ヘロドトスのスキタイ交易路の記録は、彼自身の見聞によっていないために、非常に不明瞭であり、特にウラル以東のそれは慎重なる検討を要する。単に一つの風俗・習慣の近似でその民族を決定するのは、あまりにも倉卒《そうそつ》であるといわなければならない。

もし従来の説のように、イッセドネスをティベット人と見なすと、我々は紀元前五世紀頃のターリム盆地が、ティベット人によって充満されていたとしなければならない。なる程、紀元前二世紀のこの地方の状景を伝えた漢書西域伝には、ターリム盆地の南辺に、点々とティベット人の聚落があったことを伝えている。

しかしスタイン（S. A. Steim）ペリオ（P. Pelliot）ヘディン（S. Hedin）博士等によるターリム盆地の発掘をみても、盆地全域にわたる紀元前のティベット人の遺跡は、かって発見されていない。更に年代がやや不明確ではあるが、スタイン博士が南道を探検中、大体三世紀頃使用されたと思われるカロスチー語の文書を発見したことがある。この文書には、しばしば、

スピが鄯善に侵入してブダスラという奴隷を略奪した。（意訳・A. M. Boyer & E. J. Rapson etc.; Kharosthi Inscription no. 491, no. 675, etc.)

スピが南方からやってきて、馬を盗んだ。（意訳・ibid; no. 119, 212, etc.)

などと伝えている。このスピ（Supi）はいうまでもなく唐書その他に見える蘇毗で、隋書などに見える女国等と同じく、ティベット族の一部族と考えられる。スピは古くは南北朝時代からその痕跡を示し、やがて唐代には吐蕃に吸収されてゆくのであるが、問題はその活躍ぶりで、彼等の劫掠《ごうりゃく》は、まことに小規模であった。

西域南道上の要衝、鄯善国に侵入しながら、彼等の略奪はせいぜい羊二、三頭とか、奴隷一、二人にすぎない。つまり我々は歴史の大勢から考えて、紀元前のターリム盆地に、それ程活潑な

ティベット人の強盛ぶりを推定し得ないのであって、無暗にイッセドネス人をティベット人に比定することは許されないのである。

恐らくティベット人は太古よりチァンタン高原やアムド地方、ルドク地方等にも散在していたであろうが、その生産力の稀小性が、この民族の社会的発展を著しく阻害したのであろう。あの広大な国土には多数の小部族国家が成立していたが、これが強大な権力によって統一されるためには、更に一段と生産の発展、とくに農業生産を背景とする権力の確立が裏づけられねばならなかったのである。

こうした太古のティベット人の生活状態は、幸いにも中国の記録によって、その大要を窺うことができる。例えば後漢書（巻一一七西羌伝）には、一、二世紀の交、中国西北辺境に進出したティベット族を西羌と呼んで、

西羌族は南は四川、西北はターリム盆地に接している。その住所は不定で、水草を追って生活し、五穀は少なく、遊牧を業としている。氏族の姓はなく、父や母の姓名をとって種落《しゅらく》の号としている。父が歿すれば母を妻とし、兄が亡くなれば嫂《あによめ》を妻とする。故に鰥寡《やもめぐらし》の人はいない。種族は非常に多く、強ければ種を分って酋豪となり、弱ければ家来となる。互に相抄暴し、力あるものを英雄とし、人を殺せば死刑となるが、その他の禁令はない。その兵は山谷戦に長じ、平地戦は苦手である。……寒苦に耐えることは禽

獣に等しく、婦人の出産といえども風雪を避けない。（意訳）

と記している。この西羌族は後漢時代（紀元二五―二二〇年）には、しばしば叛乱を起して西北辺境を騒擾《そうじょう》した。羌族は多くの種族に分かれていたが、最も勢力のあったのは焼当羌と先零羌である。

前者は明帝から章帝の時代にかけ、とくに紀元五六年（中元元年）から九三年（永元五年）に、後者は安帝の時代（とくに一〇七―一一七年頃）に、隴西・漢中・褒中等に出没して略奪をほしいままにした。その有様を王符は、

さきに羌虜背叛《はいはん》し、始めは涼并から司隷におよび、東は趙魏から西は蜀漢に至るまで、五州六郡を支配し、周廻千里余である。禍害《かがい》は昼夜となくやまず、（羌の侵略にあった所では）百姓滅没して日月もために焦尽した。（王符潜夫論救辺第二十二）

と記している。この時、漢廷では、放任論や甘粛放棄論が行われたため、甘粛地方の農民は一門総て滅ぼされ、後の桓帝時代には、四川・湖北から陝西・直隷までその惨禍を受けるに至った。

これに対し後漢の対羌征討は、大別して三次に亘って敢行されている。即ちまず光武帝の建武十年（紀元三四年）、馬援が先零羌を破って降者を天水・隴西・扶風の三郡に徙した。ついで明帝

の永平元年（五八）、馬武・竇固等が焼当羌を破り、第三次征討は和帝の永元十二年（一〇〇年）、周鮪が焼当羌を破って降者を漢陽・隴西等に従した。つまり後漢朝は分離策により氐、羌の叛乱を抑圧しようとしたのである。

しかし西羌の騒擾は年を追うてますます烈しく、やがては後漢末の黄巾の乱に乗じ、各々独立して小王国を形成した。

後漢末から魏晋南北朝を経て隋代に至る間、ティベットでは数々の小王国の乱立があり、これが次第にエル・ツァンポ流域に擡頭したラサ王国所謂吐蕃に統合されていった。

南北朝時代のティベットの歴史は、魏書・北斉書・宋書・周書等の中国南北朝の正史から窺うことができる。これらの請書の記録はいずれも断片的なものではあるが、東方の中国から見た当時のティベットの状態を伝えている。南北朝時代、まず刮目《かつもく》に値するのは、五胡十六国時代、長安（前秦三五一—三八四・後秦三八四—四一七）や涼州（後涼三八六—四〇三）、四川（成漢三〇四—三四七）等に進出した氐・羌諸族と、四世紀頃、今の青海地方に侵入して、先住の羌族を征服した鮮卑系の吐谷渾である。とくに吐谷渾は所謂青海路——ターリム盆地からツァイダム盆地を経て青海に至るルート——を以て、東トゥルキスタンと華北とを結ぶ中継質易に活躍し、同時に四川盆地経由で華中とも活潑な東西交易を展開していた。南朝は吐谷渾の手を経て、漢北の茹茹と脈絡を保っていたので、北朝の諸朝は西域との交易を行うためには、まず吐谷渾を討たねばならなかった。

紀元四六〇年の北魏の吐谷渾征討や、七世紀初頭の隋朝のそれは、いずれもその一例である。宋雲・恵生の如き北魏朝の使節が、トゥルキスタン諸国に赴くためには、吐谷渾の媒介を経なければならなかったことは、当時の東西交通における吐谷渾の位置をまざまざと示すものである。宋雲・恵生の天竺行記（洛陽伽藍記巻五所収）によれば、この頃、吐谷渾の勢力はタクラマカン沙漠の南縁地方にまで進出していて、その附近一帯の重鎮鄯善は、吐谷渾の第二王子寧西将軍の治所となっていたという。

青海地方で吐谷渾がこのような繁栄ぶりを示していた頃、チァンタン高原には、数々のティベット族がそれぞれ地域的な部族国家を形成していた。南北朝時代の史書には、宕昌羌、鄧至、白蘭、党項羌、白狼、乙弗勿敵、多弥国、阿蘭国、蘇毗国、女国、東女国等の小国家群の名が記録されている。かって松田寿男博士は、新唐書（巻四十）地理志に見える入吐蕃道の記録と、唐会要（巻九十七）吐蕃の項の

中国より鄯城を出て五百里にして烏海を過ぎ、吐谷渾の部落、弥多弥（多弥の誤）、蘇毗および白蘭等の国に入り、吐蕃の界に至る。

との一文を考証し、これらの部族国家群の位置を吐谷渾・白蘭・多弥・蘇毗・吐蕃の順に、入吐蕃道沿いに並んでいるとしている。

これら宕昌羌、鄧至、白蘭、白狼、乙弗勿敵等は、それぞれ前代以来、カム地方に活躍していた氏・羌部族の一派であり、なかんずく、蘇毗はさきにも触れたようにスピの名で、ターリム盆地南縁のニヤ遺址《いし》から出土したカロスチー文書やティベット文書に現れている。

また、女国は本来はストレジ（Sutlej）河の上源地ナリ・コルスム（Nari khorsum）即ちフンデス（Hundes）地方の、いわゆるスヴァルナゴートラ国をさしたのであろうが、隋・唐時代の史料はチァンタン高原に散在する多数の部族国家を女国と総称していたようで、四川西部のティベット族国家を東女国と呼んだのも、そのような見方の現れにほかならない。

スヴァルナゴートラ国の名は、有名な中国の渡天僧玄奘の大唐西域記や慧超の往五天竺国伝などに見え、金と塩の産出国として著名であり、これらをインドやカシュミール一帯に輸出して莫大な利を貪っていた。この国が古くからカシュミール地方と密接な関係を保っていたことは、カシュミールの史書、カルハナ（Kalhana）のラージャータランギニ（Rajatarangini）からも窺える。

このように四—六世紀のチァンタン高原には、多数のティベット族の部族国家が成立していたが、地理的智識の欠除のためか、前述の如く中国の史書には、これらの諸小国はいずれも女国と混同されるか、または女国の名の下に包括されていた。しかしこの頃、既にウのツァンポ河流域には、新興のラサ王国（後の吐蕃）が、強力な農業経済力を基盤に次第に強大になりつつあった。七世紀初めの隋朝の史書「隋書」には、この国を附国と呼んで、当時の有様を次のように伝えている。

附国は蜀郡の西北二千余里にあり、いわゆる漢代の西南夷である。東部は嘉良夷といい、幾つかの種族が相互にその地を領有している。土俗は附国と同じであるが、言語は少し異なっている。人々の姓氏はない。附国の王は字《あざな》を宜繒という。その国の南北は八百里、東西は千五百里。城柵はなく、河谷や山険の傍に住む。復讐が好きなので石を重ねて礫を作り、その中に住んで難をさける。（中略）附国には二万余の家があり、命令は王から出る。嘉良夷の政令は酋師が出す。罪の重い者は死刑に処し、軽い罪は牛で贖《つぐな》わす。人はみな軽捷《けいしょう》で、撃劔《げつけん》が巧みである。漆皮《しっぴ》で甲を作り、弓の長さは六尺で、竹で弦を作る。（中略）その土地は高く、気候は冷涼で、風が多く雨は少ない。土地は小麦と青粱によく、山は金銀を出し、白雉多く、川には長さ四尺におよぶよい魚がいる。大業四年（六〇八）、その王は使者素福等八人を遣わした。その翌年には、その弟子宜林に嘉良夷六十人を率いて朝貢せしめた。彼等は「良馬を献じようと思うが、路が険峻で通じない。どうか山道を開いて朝貢の義務を果させて下さい。」といったが、煬帝は民を労するので許さなかった。

嘉良には広さ六、七十丈の川があり、附国には広さ百余丈の川があり、ともに南方に流れている。皮舟にのって附国を過ぎると南に薄縁夷が居り、風俗は附国と同じである。

西には女国があり、その東北には山々が延々と数千里も連って、党項の境域におよんでいる。そこには大君長もない。いろいろな羌族が深山窮谷に住んでいる。彼等の風俗は大体党項と似ていて、あるものは吐谷渾に、あるものは附国に属している。（意訳）

かかる中国側の記録と好一対をなす有名なティベットの史詩「ケサル王物語（Ke-sar Saga）」は、その古い文体や物語の内容から、仏教伝来以前のティベット人の風俗に関する好資料といえよう。この史詩は北ティベットのホル（Hor）の王が、リン（Ling）国の王ケサルの妻を奪ったため、両国の大戦となり、遂にケサルが勝った次第を述べたものであるが、ケサルは仏教伝来以前の王と信ぜられ、従ってこの史詩はボン教時代の有様を歌ったものと考えられている。左にチャールズ・ベル（Charles Bell）氏によって紹介された一節を載せてみよう。これはリンの一兵士がホルのスパイを捕えた情景を歌ったもので、言葉は雄頸で韻をふんでおり、文体は非常に古い。


時が来た。私は歌を歌わなければならない。彼はティベットに自分の様な立派なものはないという。

私は彼に今日こそ模範を見せてやる。

鷹が路上のホルのヒヨコをさらう如く、

老人が蚤《のみ》を捕える如く、
私は其等を拇指《おやゆび》と人差し指との間に挟んでやる。
もし汝が強いなら、さあやってこい。
汝が火をいじるなら、汝は火傷するであろう。
……
ああ三兄弟よ狐のような！
勇気があるのか、あるなら立て！
オー、白天幕種族、空の神よ！
もし力があるものなら奇蹟を示せ！
もしホルは一万の軍が勇敢であるなら出てこい。
他の人々の刀は鉄でできている。
我々は刀はいらぬ、右手で沢山だ。
我々は体を中央から壊し、腹を粉砕する。
他の者は棍棒を用いる。
我々は木もいらぬ。
我々の拇指と人差し指で十分だ。
我々は指で三度こすれば壊すことができる。

……

肝臓の血は口から出るであろう。

我々が皮膚を傷けなくとも、
我々は口から凡《あら》ゆる臓物を取り出してやる。

その男はそれでもなお生きているだろう。

たとえ心臓が口まで来ても。

……

もし骸骨の太鼓がならしたければ、この様にすべきだ。（密偵を引き出し、ゆすって）

金剛が手に握りたければ、こうやればいいのだ。（しっかり金剛が僧侶に握られているように、密偵を捕える）

もし太鼓が用いたければ、鼓つのはこうやるのだ。

綱が引きたければ、引張るのはこうやるのだ。

皮をなめしたければ、こうしてなめすのだ。

眼と頭をもったこの体は、
白天幕種の王様用の帽子となるであろう。

私はリンの白の住民の戦神に心臓を捧げよう。

……

オー、黄色のホルよ、しばし余の言うことを聞け！

こう言って彼は、その男を数回打って頭を抑えつけた。それで彼は気を失って骨が口から出てきた。彼はその男の右手を拇指の指環で、肉屋のメル・ツェに投げた。彼は左の脚をトプチェンに靴で投げとばした。彼は肺、肝臓および腸をシェチェンに投げた。彼は三度皮と頭をホルの白天幕の方に向け振った。それから彼の体の一方にそれらを結び、悠然とリンに帰った。彼がリンの人達の砦《とりで》に帰ると、勇士達は彼を讃えねぎらった。

(Charles Bell; The Religion of Tibet. 西蔵の喇嘛教　橋本光宝訳一九―二二頁)

ケサルの史詩は、ホル・リン、ジァン・リン、ギァ・リンの三節からなるといわれ、古代ティベット人の戦闘・狩猟・勇武な有様が描かれ、多くの氏族に分かれて戦っていた古代チァンタン高原の情景を彷彿《ほうふつ》たらしめる。

このように四～六世紀頃のティベットには、多くの氏族群が、それぞれ強力な大君長をもたず、広くティベット全土に散在していたと考えられる。やがてこうした幾多の氏族群を統一して、テベットの全盛期を現出したものこそ、ツァンポ河流域に崛起《くっき》した吐蕃(ラサ王国)であった。

第五章　大版図時代

――吐蕃王国――

中国の史籍は前章に述べたような多くの氏族群を統一した国家を吐蕃といっている。吐蕃は前にも記したようにティベットの対音である。この吐蕃はティベット史空前の大版図を形成したので、この章を大版図時代と名付けることにした。

さてチャンタン高原の南方、ツァンポ河の谷あいには、古くからインド移民などによって農業が営まれ、ティベット唯一の農業文化圏が形成されつつあった。なかでも豊沃なエル・ツァンポの中枢を占めるラサ王国は、五、六世紀の交には、すでに一個の統一国家を形成していたようである。（唐蕃会盟碑による）

古くから中国の西北辺境で、蠢動《しゅんどう》を続けていたティベット諸族（氐・羌）は、五胡十六国時代（四～五世紀前半）の終焉とともに、相次いで北方政権の制圧を受けたが、それを嫌って西方のチァンタン高原に逃れたものもかなり多かったらしく、これらの相次ぐ逃避・移動がウ（中央ティベット）のティベット人を刺激して、その政治的統一の機運を活発にしたようである。七世紀の初め、スロン・ツァン・ガム・ポ王（Sron btsan sgam po）のもとに、瞬く間にティベット全土が統一されたのは、実にエル・ツァンポを背景としたこうした農業経済力によったものと考えられる。

スロン・ツァン・ガム・ポ（正しくはチ・スロン・ツァン Khri sroṅ brtsan）はティベットの王族として生まれ、五八一年、十四才で王位についた。彼は勇武英邁《ゆうぶえいまい》で大いに四方を経略し、東は唐、北はターリム盆地、西はパミール高原、南はインドにおよぶ大ティベット王国を形成したのみでなく、文化的にも卓越した数々の業績を残した。

ス王は政治軍事的にも文化的にも、ティベット史上、最も傑出した王の一人であるが、面白いことにこのス王の事蹟は、わが聖徳太子の事蹟と非常によく似ている。これはまことに奇しき暗合で、両者は時代もほとんど同じである。ス王の生没年代は五六九―六五〇年（八二才歿）、聖徳太子のそれは五七三―六二一年（四九才歿）で、前者は「大慈悲聖観世音の化身、スロン・ツァン・ガム・ポ王」とよばれ、後者は「救世観音大菩薩、聖徳王」と讃えられている。

ス王はまず仏教を正式の国教として弘通せしめ、親しく仏教講説を行い、寺塔を建立した。今もラサの都心に残るティベット最古の仏寺、トゥルナン寺（Hphrul snaṅ）は、ス王の建立になるもので、わが法隆寺と文字通り好一対の記念物である。またス王は「清浄人法十六箇条《ミチユッアンマチユク》」（Mi-chos gts-an-ma bcu-drug）と名づける法律を制定したが、これは聖徳太子の十七条憲法と、一脈相通ずるものである。テプテルゴンポによれば、「（ス王は）殺生と盗と姦通を罰する法律を制定し、臣下たちに文字と十六人法等の道徳的規律を教えた。」という。つまりこの十六条は単なる倫理規約で、制裁規定は別にあり、両者はともにティベット社会の基本的法律となった。この十六条はマニカンブム、パクサム・ジョンサン、ゲーラブ（Gye-rab）等の史書で各々若干の異同がある。以下、青木文教氏の訳により、その全文を掲げてみよう。

清浄人法十六箇条

第一条　三宝を信じ尊重すべし。
第二条　聖法を求め成就すべし。
第三条　父母に孝養を行うべし。
第四条　学徳者を尊敬すべし。
第五条　尊貴と長上に敬仕すべし。
第六条　近親と親友に本分を尽すべし。
第七条　邑里隣人を稗益すべし。
第八条　言語を正しうし細心なるべし。
第九条　老輩に従い末長かるべし。
第十条　食財に適度を保つべし。
第十一条　恩恵者を忘るべからず。
第十二条　債務を時に果たし計画を狂わすべからず。

第十三条　凡てに平等にして嫉妬すべからず。

第十四条　友に交って悪言に随わざるよう自主心を持すべし。

第十五条　もの言い優しく言葉を少なくすべし。

第十六条　勘念大にして度胸寛宏なるべし。

以上十六条は、必ずしも聖徳太子の十七条憲法に合致するものではないが、その根本精神においては彼此相応ずるものが多いようである。

またス王は、唐、インド等と国交を開いて、外国文化を取り入れている。わが聖徳太子が小野妹子を隋に遣して、「日出る処の天子、書を日没する処の天子に致す。」と対等外交を主張したことは有名であるが、ス王もまず唐と国交を開き、六三八年には、突厥・吐谷渾の例にならって公主（文成公主）の降嫁《こうか》を乞い、遂に実力行使によって目的を達している。ス王は更にネパール王の女チ・ツン（khri btsun）を王妃として迎え、またモン族やルウ・ヨン族からも、それぞれ王妃を迎えており、大いに諸外国の文化を取入れて、わが飛鳥時代のようにティベットの文明開化を現出せしめたのであった。

とくに宰相の子トン・ミ・サンボータ（Thon mi sambhoṭa）等をインドに留学させ、ティベット文字、文法を創成させ、ティベット語の綴字法を規程したことは著名である。

とまれ、ス王とわが聖徳太子との間には、かくの如き驚くべき事蹟の類似が見られる。これは国情や自然環境を異にしながらも、ティベットもわが国も、七世紀の初めのこの頃、漸く古代統一国家としての成長をとげてきたことを仄示するものにほかならない。

さらにス王の事蹟中、特筆に値する事件は、チァンタン高原を縦貫する中国・インド間の国際ルートの誕生である。このルートにまつわる立役者は、唐の王玄策である。彼は六四一年（貞観十五年）、北インドのハルシア・バルダナ王（Harsia Vardana・戒日王）から唐に遣わされた使者を送りかえすために、副使としてマガダ国に赴いた。もともとこの遣使は、当時インドに留学中の有名な玄奘と戒日王との会見に由来するといわれている。玄奘と会見してマハーチーナ（中国）の名君秦王（太宗）の噂を聞いた戒日王は、はるばる中国に使者を遣わしたのであった。（新唐書中天竺国伝）さて、王玄奘は六四七年には、正使として再度、インドに赴いた。恐らくはティベットを経由したであろうが、この時、ハルシア王は既に歿していて、マガダの北のアルジュナ（Arjuna）王が兵を構えて、王玄策の一行を妨害した。彼はティベットおよびネパールの援軍を頼んでこれを討ち、ついに捕虜とした。彼は、六五八年にも三度インドに使している。その旅行記「中天竺行記」はすでに散佚《さんいつ》しているが、「法苑珠林」などに貴重な佚文《いつぶん》が見え、僅《わずか》にその足跡を偲《しの》ぶことができる。

ティベットを経由する中国インド間の連絡は、有史以前に遡《さかのぼ》るものと思われる。紀元前二世紀に西アジアを歴訪した張騫が、バクトリア（Bactria）で四川産の卭竹杖・蜀布を見、帰国後、西南中国からインドへのルートを開発しようとして、遂に果たさなかった事件は極めて有名であるが、この史実からみてもキャラバンによる両者の脈絡は相当古く遡るものと思われる。六三九年（貞観十三年）頃、西アッサムのカーマルーパ（Kāmalūpa）に赴いた玄奘は、土地の者から「この地方から蜀（四川）まで二カ月ほどで行けるが、通が険しく、毒蛇毒草の害が甚しい」という話を聞いている。

ス王の歿後、その後をついだチ・デ・ツク・ツァン王（Khri lde gtsug brtsan）の時代に、ティベットには名将ロン・チン・リン（Blon Khri hbrin・論欽陵）が現われた。彼は盛んに東西トゥルキスタンに遠征して、一時的ではあるが、安西四鎮や河西地方を席捲し、ために唐との空気も緊迫した。これは吐蕃が国力の充実とともに、漸く東西交易活動への積極的な意欲を示したものと見られよう。しかしまもなくロン・チン・リンはチ王のために殺され、唐の中宗もまた金城公主を降嫁させたので、両国間の関係はしばらく緩和した。しかもこの時、ティベットは金城公主の化粧料として、絶好の放牧地河西九曲を貰っている。これによってその国力はますます高まり、安史の乱後の爆発的膨脹の根基は、既にこの時代から準備されていたと考えられる。

この頃、吐蕃の触手は西方ラダック（Ladak）を越え、ギルギット（Gilgit・小勃律国）地方にもおよんだ。七二一年（開元十年）、小勃律を襲った吐蕃軍は、疏勒《カシユガル》副使張思礼、小勃律王没謹忙の軍に反撃され、一旦は退いたが、七三四年以後、執拗な攻撃を繰り返し、遂に開元末年にはこの地方一帯を支配下に収めた。ギルギットはパミール地方の死命を制する重鎮であったから、唐は勇将高仙芝を送って奪還に努め、遂に七四七年（天宝六年）には、三転して

唐朝の所有に帰した。唐書小勃律伝には、その結末を、

是に於いて払菻・大食の諸胡七十二国、皆震恐して咸《みな》帰附す。小勃律王および妻を執えて京師に帰る。

と記している。いうまでもなく払菻はシリア（Syria）地方、大食はサラセン（Saracen）諸国を指し、この一文は唐朝の勝利を示すものであるが、ギルギットをめぐる複雑な国際状勢を裏書きするものといえよう。因みに吐蕃のギルギット攻撃を直ちに東トゥルキスタンの吐蕃進攻と結びつけ、吐蕃がここを経由して安西四鎮を攻撃したと説く学者もいるが、これはティベットからターリム盆地へのルートを閑却《かんきゃく》したためと考えられる。つまり唐と吐蕃《ティベット》のギルギット攻撃はあくまでパミール高原諸国の覇権をかけての攻防と見るべきである。それにしてもこの紛争は、当時極盛に赴こうとしていたサラセン帝国との接触を前提とするものだけあって、その史的意義は極めて高いのである。かくて吐蕃は唐朝苦心の抑圧策を次々に打破り、東に、北に、西に、着々とその歩武を進めたのであった。

次のチ・スロン・デ・ツァン（Khri sron lde brtsan）王の時代は、ティベットの全盛期である。王の即位した七五五年は、丁度、安史の乱の勃発した年であった。初め安禄山の実力を軽視した唐朝は、緒戦に重大な失敗を繰り返し、まもなく怒涛の如き賊軍の前進を潼関に邀撃《ようげき》する

こととなり、河西・隴右の精兵を動員した。そのためこの方面の軍備は全く手薄になったので、虎視眈々と機会をねらっていた吐蕃は、忽《たちま》ちこれにつけ入った。吐蕃軍は中国の内地に深く侵入し、七六三年（広徳元年）遂に唐の都長安を陥落させてしまった。玄宗は倉皇として蜀に蒙塵《もうじん》し、代って粛宗が霊州に即位し、檄を飛ばしてウイグル（Uigur）および西域諸国の兵を集め、名将郭子儀等をして反撃せしめたので、辛うじて吐蕃を撃退し得たが、翌年にも吐蕃は、唐朝に不満をもつウイグルと結んで、長安近郊を劫略した。これ以後、河西・隴右の地は唐末まで、長く吐蕃の掌握下におかれていた。特に河西地方の重鎮、涼州は、宋初に至るまで、完全に吐蕃の根拠地となっていたのである。ここで見逃してならないのは、吐蕃の安西・北庭への進出である。七六四年涼州を攻陥した吐蕃は、甘・粛・瓜・沙州を相次いで攻略し、遂に七九〇年には天山山脈東北部の要衝、北庭都護府を奪取した。このように吐蕃が河西地方をその勢力下においていた時、唐はウイグルと結んで、遠くオルホン河畔のウイグルの本拠を経由して、西域との連絡を保っていた。しかしその苦心の経営も空しく、遂に、東西貿易の実権は吐蕃の掌握するところとなったのである。

いうまでもなく唐の極盛期である開元・天宝時代は、東西交易の最も華やかな時代で、多数のイラン人が東西貿易に活躍していた。従って当時の唐の都長安には、けんらんたるイラン文化の芳香が、エキゾチックな雰囲気を醸《かも》し出していた。有名な李白の詩に、

五陵の年少、金市の東、
銀鞍白馬　春風を度《わた》る。
落花踏み尽していずれの処にか游ぶ。
笑って入る　胡姫酒肆の中

（李白　少年行）

とあるように、千金の公子、游俠《ゆうきょう》の少年を悩殺した胡姫の侍る酒肆《しゅし》も少なくなかった。琥珀《こはく》や瑪瑙《めのう》の杯に、ペルシアの銘酒や中央アジアの葡萄酒をなみなみと注ぎ、胡旋舞《こせんぶ》といわれるイラン風の舞踊を楽しむことは、当時の長安の風流人のこよなき慰安であった。ガラス器・宝石・絨氈《じゅうたん》・幻人（手品師）・火浣布《かかんぷ》（石綿）・珊瑚・香料等、さまざまな西方の珍貨が、貴族の嗜慾《しよく》を満すために盛んに輸入された。

このような時代の直後に、中国と西域との交通路を遮断し、西域への橋頭堡《きょうとうほ》ともいうべき河西地方を掌握した吐蕃が、いかに活発な東西交易を行ったか、またその東西交易の中間搾取を試みたかは、けだし想像に余りあるであろう。しかも八世紀の中頃には、タラス河（Talas・Chu）の戦（天宝十載七五一年）に大勝を博したアラビア人が、天山山脈の西北部に進出していたのである。

新唐書の黠戛斯《キルギス》伝には、

吐蕃の往来する者（商人）は、回鶻《ウイグル》の剽鈔を恐れ、必ず葛禄《カルカツタ》に住んで（黠戛斯を）待った。黠戛斯《キルギス》はこれを大食《アラビア》に護送した。（その貿易品の中には）橐它《ラクダ》二十匹で漸く積めるような重錦があった。しかし橐它を二十匹も結んで載せることは出来なかったので、二十片に分載して運んだ。（意訳）

という記録が見える。この史料は年紀が明らかでないが、恐らく吐蕃の北庭進出以前の情勢を伝えたものと思われ、キルギスの媒介によって吐蕃の商賈が遥かにアラビア人と交易した痕跡を示している。このようなチ・スロン・デ・ツァン王時代のすばらしい軍事的成功と、盛大な東西交易とは、吐蕃の国力をいやましに高めた。しかもチ王はこうした外面的な成功のみでなく、吐蕃国内における仏教史上にも、偉大な足跡を残している。

前述したようにティベットにおける仏教は、七世紀のスロン・ツァン・ガム・ポ王の時代にその基礎を確立したが、王は文成公主とネパール公主によって、それぞれ中国とインドの仏教を導入したのであった。文成公主はラ・モ・チェ（Ra mo che）寺院を、ネパール公主はトゥル・ナン（Hphrul snan ——通称ジョカン寺 Jokhan）寺院を建立し、ともに両国仏教の導入を図ったが、時を経るにつれて、両派の対立は次第に深刻になった。

はじめチ王はインドから優秀なタントラ師、シャーンタ・ラクシタ（Cantirakshita）等を招いたので、タントラ派の勢力は大いに揚ったが、シャーンタの死後、中国の大乗教の勢力もなかなか強く、ついに王の面前で、中国僧大乗和尚（Hwa çaṇ mahāyāna）とインド僧カマラシーラ（Kamalaçila）の仏教論争が対決された。その結果、論争はインド側の勝利に終り、ティベットにおけるインド密教の基礎が確立されたのである。大乗和尚は勝利をカマラシーラに譲り、論争前の約束に従って中国に帰らねばならなかった。

プトン（Bu ston）の仏教史はその情景を、

その時、トンムン・バ側のチョ・マ・マ等は悲嘆して、自分等の体を石でもって打ちつけて死んだといわれています。そこで王様は、

今より以後、見解に関しては龍樹の教養を持し、実践に関しては十法行と波羅密を学習せよ。そうして、トンムン・バの布教は許されない。

と勅命されました。したがって和尚は支那の国に送り還され、彼の著書は集めて石蔵の中に隠匿されました。（芳村修基訳　プトンのチベット仏教史四二一—三頁）

と伝えている。このため王は今日でも護教三王の一人として、さきのスロン・ツァン・ガム・ポ王、後のチ・ツク・デ・ツァン（Khri gtsug lde brtsan）王と並び称されている。

しかしこの論争によって、中国仏教が全くティベットから姿を消したとみるのは早計で、河西・青海地方にはなお多くの中国僧の寺院があり、彼等の政治的な活躍も見逃し難い。プトン

の仏教史は、「彼（大乗和尚）の教えは蒐集され、宝物として隠匿された。」と記している。恐らくこうした中国僧の追放は、当時の緊迫した両国間の政治情勢や、現実的なインド・タントラ派に対する中国仏教の深遠な哲理が、ティベット人に理解されなかったことによるものであり、これらと別個に、強力な政治力をもっていた黒の大臣（ボン教徒）の策略などもあずかっていたものであろう。

カマラシーラはその後もティベットに留って、多くのティベット人に、タントラ派の奥義を伝えた。彼の最も有名な弟子の一人ジェン（Jien）は、多年の研鑽の結果、遂に超自然力を得たと伝えられている。プトンによればカマラシーラは、長年ティベット人を指導したが、後に大乗和尚の遺した四人の刺客によって腎臓をしめて殺されたといわれている。しかしティベットにおける彼の感化は全く偉大で、彼の肉体はミイラとし、今日もラサ北方二〇マイルの寺院に保存され、「神聖なインド人」または「聖仏陀」として追慕されている。

さて、唐とティベット即ち吐蕃との関係は、その後も緊迫した情勢が続き、唐の徳宗の時代に一度和平の交渉があったが成立せず、まもなくチ・ツク・デ・ツァン（可黎可足八一五―八三八在位）の時代になって、ようやく両国の和平条約が結ばれた（八二二年）。恐らくチ王の多病とその軍事的消極性、変転した対外情勢などのためであったと思われる。一方北庭の攻陥以来、東西交易の覇権を奪われたウイグルは、唐と緊密な関係にあり、雲貴高原の南詔も唐に手なづけられ、吐蕃は対外的にもほとんど孤立の運命に陥っていたのである。しかしいずれ

にせよ、この時代は吐蕃王国が最大の版図を誇った時で、ティベット史料にも

力の君主ラルパー・チェン王（Ral-pa-can）の御世に、四辺の王と維持した国境は左の如くであった。即ち、スロロンシェン（Sro-long-shen）山脈の連りは、白絹の幕に似て、占星学の中国王の国と境をなし、大河ガンジスのほとりにある鉄柱は、仏教のインド王との境、パタ・シャヅゥン（Pata Sha-dung）の門は、富裕なペルシア王との国境であり、砂丘はニャマンマ（Nya-man-ma）の背にまがい、ベタ（Be-ta）王国との境であった。

と誌されている。「第五代ダライの歴史」にも、次のような記述がある。

この当時中国とティベットとは不和になった。勇敢にして立派な大軍隊が中国領土に侵入して戦を行った。中国の多くの地方が占領され、猛烈に攻撃され、多くの将兵が殺された。三箇の石碑が立てられた。一はラサに、一は中国の首都に、一はクンガ・メル（Kunga Meru）に立てられ、それがティベットと中国の国境となった。これらの三つの石碑上には平和と友好の条件が刻まれた。

いまラサのジョカン寺の入口に残る有名な唐蕃会盟碑は、その記念である。この碑は八二三年（長慶三年）に建てられたもので、高さは約十一、三フィート、西面して立っている。その内容は、まず西面は和平条約の主文で、蕃漢両文により、親善使節の交換、両国は清水県をもって国境とすること、両国の官吏は平和を守るべきことなどが記されている。

裏の東面は全部ティベット文で、開国以来の歴史、両国の交渉のあらまし、会盟の状態などを記述し、日付まで明確に記している。北面にはこの会盟に参加したティベット官吏の姓名、南面には中国官吏の名が刻してあり、ともに蕃漢両字による音意訳が附されていて、当時のティベット語・中国語の音韻その他の研究に貴重な資料となっている。なおこの会盟に参加した劉元鼎の紀行の断片が新唐書吐蕃伝に見え、その頃のティベットの内情を仄示《そくじ》している。

チ・ツク・デ・ツァン王は、このような軍事的・外交的成功のみでなく、文化史上からも極めて重要な王であった。王はインドの度量衡《どりようこう》を採用し、唐の史官の制をとり入れて実録の編纂《へんさん》を行い、仏教をますます振興させた。特に仏教への帰依は尋常一様なものでなく、「自己の髪に絹布を結び、これに僧侶を坐らせ」たり、「各僧に対し七軒の農戸を与えて生活の支柱とした」といわれる。

特に仏典の翻訳と教儀の統一に於いてチ王の功績は不滅である。スロン・ツァン王以来、入蔵した仏教はまことに多種多様で、その結果、様々の不明な外国語や綴字の不統一によって、経典に多くの混乱があった。王は綴字を統一し、辞書を編纂し、経典の無断翻訳を禁じた。王のねらいはティベットに伝来した仏教を純化し、簡明化しようとしたものであった。即ち王の保護のもとに、多数の梵蔵の高僧達が、経典を校定し、新釈し、注釈した。漢訳仏典とちがって、ティベット訳経典は、忠実なサンスクリット経典の逐語訳である。ティベット人は現在でも、印刷された言葉は、経典であれ、歴史であれ、どんな著述でも神聖なものと考えている。まして神聖な経典を意訳し、自己の意志や解釈によって改訳することは、この上ない罪悪であった。有名な甘珠爾《カンギュール》（Bkah-hgyur——翻訳された教誡即ち経典）・丹珠爾《テンギュール》（Bstan-hgyur——翻訳された説明即ち註釈）の大蔵経も、その完成は十四世紀の碩学《せきがく》プトンの手になるとされるが、その大部分は既にチ・ツク・デ・ツァン王の時に翻訳せられたといわれている。

しかしこの様な仏教に対するチ王の熱烈な傾倒ぶりにも係わらず、当時の一般大衆への仏教の滲透《しんとう》は、まだあまりはかばかしくなかったようである。今世紀の初、英国のスタイン博士のターリム盆地探検によって、九世紀ないしそれ以前に、タクラマカン沙漠の南縁地方、ミーラーン（Mīrān）、シャンシャン（Shan-shan）、マザール・ターク（Māzal-tāk）の諸地域に進出していたティベット守備隊の古文書が発見された。文書の内容は主として当時のティベットの軍隊生活、駅亭等に関するものであるが、この文書を研究したフランケ（A. H. Francke）氏は、

（1）文書に見えるティベット人の名は、主として非仏教徒で、現在用いられないものが多い。
（2）タイトルのあるものは、ケサル王の物語（Ke-sar Saga）を思わしめるものがあり、疑もなく仏教以前のものである。
（3）ボン教の象徴記号、即ち足が反対方向をさす卍《スワスチカ》が、しばしば現われている。
（4）ラマという言葉は決して見出されない。ましてオム・マニ・ペーメ（パドメ）・フム（Om mani padme hum——直訳すれば蓮の花の中の宝石に栄えあれの意。日本語の「なむあみだぶつ」のような聖語）という祈禱文は全く見られない。文書の文章のスタイルは仏教文学の古典のそれと全く異なっている。
（5）宗教的儀式については幾つかの断片が見られるが、ボン教的なものか、仏教僧侶によったものかは不明である。二、三の文献は宗教的迫害を伝えている。

と述べ、少なくともこれらの文書から仏教的な要素を見出すことは困難であると結論づけている。つまり八・九世紀頃、タクラマカン沙漠の南縁地方にいたティベット兵たちには、あまり仏教の影響が見られないのである。

ことにティベット本国にはなお多くの黒の大臣（ボン教徒）が、あまりにも熱烈な王の仏教政策や、その進歩的な外国文化の略取を苦々しく思っていた。それでも前王以来の仏教信者である有力な老臣たちが生きているうちはまだ無事であった。かかる人々が逝去すると、忽ち王に対する反対党が現れた。それは前述したいわゆる黒の大臣を中心とする、チ・ツク・デ・ツァン王の外来文化心酔を快しとしない国粋主義者の一派であった。彼等は王弟ラン・ダルマ（Glan Darma）を煽動して王を暗殺させ、彼を擁立して王位に即けたのである（八三八年）。

こうして仏教に対する大弾圧が断行された。暴徒たちは喜んでこの運動に参加した。けだし一般大衆は、常に奇蹟や儀式や神の顕示を求め、チ・ツク・デ・ツァンの熱中した深奥な大乗派の一切有部の哲理などには、反感を威ずるだけだったからである。語学僧は他国に逃亡し、残ったものは還俗を強制された。ある者は弓、矢、種々の太鼓（ボン教の魔術的道具）をもって、狩に参加させられ、これを拒否したものは殺された。諸寺・仏像群は悉く破壊されたり、漆喰で塞ぎ埋められたりした。翻訳事業は勿論中止されたが、経典はさすがに無暗に焼却されなかった。印刷物を大切にするティベット人の天性がそうしたものか、あるいは有力な保護者がいたためか、詳しい事情は知るよしもないが、プトンも「それらの大部分はラサの岩の中に隠されたた」と伝えている。

あまりに極端な、かつ急激な破壊は、仏教徒の極度の憤激をまねいた。このため今日に至るまで、ラン・ダルマは教賊として非難されているが、ボン教徒の国粋主義者に擁立された彼の立場としては、万止むを得なかったであろう。八四一年、遂に彼はラサのジョカン寺の唐蕃会盟碑の傍で、仏教徒のために暗殺された。その最後は今も盛んに行われている「黒帽踊」の歌から偲ぶことができる。

王の仏教弾圧に対し、烈しい怒りに燃えた一人のラマは、白馬に炭をぬり、自らは白の裏地の黒い外套を着て、ラサに乗り込んだ。彼は王がジョカン寺のほとりで、背を寺院やガンデン（Gan-den）の宝塔にむけながら、会盟碑の片側の銘を調べているのを見た。彼は馬から降り、周到に考案した異様な踊りを踊りながら、王に近づいた。王は近くに召して、舞踊を所望した。最初の敬礼で彼は弓をしぼり、二度目で弦を矢筈につがえ、三度目に射た。矢はぐさりと王の胸を貫いた。

彼は声高らかに叫んだ。「俺は黒の夜叉だ。罪深き王を屠るには、常にかくの如くせよ。」叫喚が起こった。「王が殺された。刺客を追え。」ラマは一散に駆け去り、とある池で馬の炭を洗い落し、自らは外套を裏返しにし「余は白のナムテーウ神（nam-tēu）なり」と呼ばわって悠々と逃げた。……

恐らくは有力な仏教信者の庇護で、彼は無事に東部ティベットに逃れたのであろう。ラン・ダルマの変死によって、ここにティベットの王統は絶え、群雄割拠の世となった。この後、吐蕃は王位継承をめぐって内乱が続発し、遂に再び昔日の栄光を見ることはなかった。唐はこの気運に乗じ、次第に河隴の地を回復していった。八五〇年、吐蕃の沙州刺史張義潮が唐に帰属し、河西地方に伸長した吐蕃の勢力も完全に失墜してしまった。ただ青海から涼州に伸びた吐蕃の一派は、その後宋代に至り、西夏に滅されるまで長く涼州に盤踞《ばんきよ》していたが、これとてもかつてのように本国と有機的な連繋を保っていたとは考えられず、単なる地方政権として中継貿易に活躍していたにすぎないのである。

第六章　分裂時代

――アチシャとパスパ――

ラン・ダルマの死後、ティベットの国内は各地に諸侯が割拠して、長く分裂の状態が続いた。仏教はダルマ王の排仏後は、歴代諸王の回復への努力にも係らず、はかばかしくなかった。しかし地方にはまだ僧侶や寺院や経典の残ったものもあったが、インドやネパールからの学僧の入蔵も絶え、次第にボン教の思想に犯されて、純粋な仏教から離れ、怪しげな原始的宗教に転落して行った。そこで、これらの邪道を嫌って、再びインドから純粋な仏教を輸入しようという動きが諸所に起こってきた。丁度、その頃はインドの政情も著しく不安定だったので、インド僧侶のティベット逃避がしばしば見られ、これらが仏教復興の萌芽となったようである。

十一世紀、西部ティベットのコルレ王（Khor-re）が、碩学アチシャ（Atiça）の入蔵を要請したのは、このような情勢下に於いてであった。アチシャ（法名ディーパンカラシエリージニャーナ Dīpam Karaçrījñāna 九八〇―一〇五二）はベンガルのガウル王族の人。幼時から密教の研鑽を積んだマガダ（Magada）国の大僧正である。アチシャは始めコルレ王の使者に対して入蔵を断ったが、王の死後、遺命を奉じて来たティベット僧の懇望にほだされ、遂に後裔のウデ王（Hod-lde）の世に入蔵したのである。そしてその期待が大きかっただけに、ティベット は全土を挙げて彼を歓迎し、その教は忽ち国内に弘通した。彼は在来の密呪乗派のティベット仏教から、不純分子を取り除き、純正なインド仏教の気風を振興した。ラン・ダルマの死後、宗教的混乱と政治的分裂によって、思い思いの方向に走っていたティベット仏教は、ここに至って、完全に思想上の統制がなされたのであった。

アチシャは独自の教団カァ・ダム・パ派（Bkaḥ gdams pa）を創設した。彼の歿後は、その教を受けた人々によって、サキャパ派（Sa skya pa）などの教団が成立したのである。これらの教団はそれぞれ莫大な土地・財産・建物を諸侯から譲りうけ、人々の信仰とともに一般社会にも次第に強大な勢力をもつようになり、遂には地方の諸侯にも充分対抗しうるようになった。もともとこうした分派は、それぞれ自己の領内に一派の新興宗教を持とうとした諸侯の援助によって出発したものであった。在来の仏教もこれに刺激されて、ニグ・マ・パ（Ni guhi ma pa）派を結成して、対抗した。つまり各派ともそれぞれの保護侯国があった訳で、教権の拡大は、結局、政治的支配圏の拡大であり、政教一致の仏教王国の伝統はますます強化されて行ったのである。

アチシャに少し遅れて、インドの末期的なタントラ派を伝えたティベット僧マルパ（Mar pa）が現れた。彼はインドに赴いてヴィクラマシラー（Bikramasilā）寺院のナーローパ（Nāropa）に学び、帰国してカルギュパ派（Bkaḥ rgyud pa）を創始した。彼の弟子ミラレパ（Mi la ras pa）は、超人的な苦行と美しい詩によって、「綿服のミラ」（綿服一枚のみを着る苦行者の意）として名高く、今日なおミラ尊者（Je-tsün Mi-la）として、広くティベット人に尊崇されている。彼の強靭な肉体は烈しい苦行に堪えて、八十三才の長寿を保ったが、その臨終において歌ったといわれる次の詩は、彼のあくなき孤独の追求を示している。

われの年老いしは人知らず
わが妹はわが瀕死の病を知らず
われ孤独の内に独り死すれば
この行者は全く満足せん

わが死、人に知られず
わが朽ちゆく体、鳥に知られず
……
……
わが死にあたりての祈りは
万物の幸のために満されん

人の住まざる国の岩穴にて
その時わが心全く満されん

彼の臨終は虹と蓮華と七彩の雲にいろどられたといわれ、数々の美しい奇蹟に蔽われている。彼の弟子ラン・ジュン・ドルジェ（Roṅ hbyun rdo rje）からカルマパ派（Kar ma pa）が創められ、他の弟子リン・チェン・プン・ツォグ（Rin chen phun tshogs）からリゴンパ派（Hbri gun pa）が創められた。

これらの諸教団は前述のカァダムパ派、サキャパ派などと同じように、世俗的な封建諸侯と一体となって、それぞれ相互に抗争したのである。十二世紀末期のティベットでは、サキャパ派とリゴンパ派が最大の宗派で、両者はしばしば激烈な戦を行っている。なかでも強大を誇ったのはサキャパ派で、その政治的軍事的地位は、十一―十三世紀を通じてティベット最大の強さを誇っていた。

十三世紀、モンゴル族の勃興によって、アジア全域は、この新興民族に席捲《せっけん》されたが、ティベットが初めてその洗礼をうけたのは、南宋・大理を滅した元のフビライ・ハーン（Khubilai khān）の時代であった（一二五三）。フビライ・ハーンがパスパを重く用いたのは、彼の識見が極めて高かったからであろうが、同時に彼が最盛期のサキャパ派の代表者であった点を見逃すことはできない。

パスパは本名パクパ・ロ・デ・ギェン・ツェン（Hphags pa blo gros rgyal mtshan――一二三九―八〇）、三才で経を暗誦したので、パクパ（Hphags pa――聖者）と称された。一二五三年、元が大理国（今の雲南省）方面からティベットを降したとき、フビライ・ハーンに見出され、フビライ即位の年（一二六〇）、国師とされ、中原法主に任ぜられ、モンゴル帝国の仏教の総監督となった。こうして現代におよぶ内外モンゴリアとティベットとの、緊密な宗教的紐帯《ちゅうたい》が成立した。彼は一二六九年、勅命によってパスパ文字を制定し、功によって帝師大宝法主の号を賜わった。そのほかネパール人阿尼哥（Anigo）を招いて新しい仏教芸術を開いたり、モンゴル語訳大蔵経の翻訳事業を起したことなど、その文化史上における意義も極めて高い。

元朝はこれ以後サキャパ派の僧侶を重用し、法外な特権を与えるとともに、盛大な仏教儀式を行ったため、遂にはそれが亡国の一因となった。例えばフビライは一二七四年、大都に大聖寿万安寺、上都に龍興華厳寺・乾元寺を建立、一二九五年には、皇太后のために大清涼寺を補修している。元史には万安寺は「仏像および窓壁、皆金をもってこれを飾る」とあり、その費用は「金五百四十両、水銀二百四十斤」と記されている。また、その頃、親しく上都を訪れたマルコ・ポーロは「彼等は巨大な伽藍の寺院を有している。そのあるものは小さな都市ほどもあり、一寺に二千名以上の僧がいる。」と述べている。

揺役を免ぜられ、各種の特別な保護をうけた元代ラマ僧の横暴・豪奢ぶりは、まことに言語に絶するものがあった。ラマ僧たちは高官の知遇を得ていたので、その悪行はしばしば看過された。人民の怨嗟《おんさ》の声は、日蝕、地震、洪水などの不吉な現象とともにますます高まったが、元朝はかえってこれを重用したので、民衆の不満は遂に爆発寸前となった。乱行の特に甚しかったのは、元の順宗の帝師カリンチン（伽璘真）で、彼は時の平章政事哈麻《ハマ》と共謀し、大喜楽禅定法を修すると称して、日夜淫楽を事としていた。こうしたラマ僧に対する人々の怒りが、遂に一つの導火線となって、明の朱元璋の興起を成功に導いたのである。

ラマ教の弊害を身にしみて体験し、これの追放をめざして成立した明朝の、ティベットに対する態度は、初めはきわめて冷淡なものであったが、後には武宗などのラマ教愛好者が出て、ティベット僧を招請し、ラマ教を保護した。明朝は前代と異なって一派のみを尊重せず、成祖の時、八大法王をたて、各派に均等に栄誉と布施を与えていた。こうした元明歴代天子の長期にわたる厚遇は、かえってラマ僧の修行を怠らせ、その堕落の契機となったのである。しかしラマ僧自身のなかにも、その頽廃ぶりを痛嘆するものが出てきた。ツォン・カ・パ（Tson kha pa）による所謂「ティベットの宗教改革」は、こうした背景のもとに現れたのである。

ツォン・カ・パ（宗喀巴・法名ロサンタクパ Blo bzan grags pa）は青海地方の西寧の人。ター州（馬州。ツォンカ——葱畑——ともいう）に生まれたので、「ツォンカ（Tson kha）の人」と呼ばれているのである。七才で出家し、十六才の頃から各地に遊学し、いままでのサキャパ派など所謂紅帽派の淫乱な魔術的仏教に憤激し、遂に三十六歳の時、厳格な独身生活による成律主義を唱えるガルデン（Dgah-ldan）派（兜率教派――のちゲルグパ Dge lugs pa と改称）を創始した。紅帽派の乱脈に慨歎していたティベット人はこの改革を歓迎した。彼は圧迫されて山林に遁れていたアチシャ以来のカァダムパ（Bkaḥ gdams pa）派の僧侶達を吸収し、服装を原始仏教の乞食姿に戻し、黄色の帽を冠らせて、ボン教の黒帽（Shwa nag）、従来の紅帽（Shwa dmar）と区別させた。彼の一派が、黄帽（Shwa ser）派といわれるゆえんである。その戒律・徳行は広くティベット一円にひろまり、その勢力も次第に拡大して、遂に後世のダライ・ラマの源流となった。彼は著書も多く、その全集（Gsuns hbum）は二十帙《ちつ》の大部におよび（主なものはラムリム「菩提道次第」（Byan chub lam rim）とガクリム「秘密道次第」Snag rim 等）、その論者によって我々はインド末期の大乗仏教から、ティベット仏教にいたる思想的連関を見ることが出来る。

第七章　ダライ法王国の成立と発展

黄帽派の開基、ツォン・カ・パの後継者たちは、ダライ・ラマ（Dalai-Lama）と呼ばれる。ダライはモンゴル語の「海」の意で、歴代のダライ・ラマがその名にギャムツォ（rgya mtsho——ティベット語の海）を称したので、モンゴリアのアルタン・ハーン（Altan khan）が、第三代ダライに「ダライ・ラマ」の尊称を奉った。それ以来、この尊称がその系譜全体の称号となったのである。

その後、第五代ダライ・ラマがモンゴルのグシ・ハーン（Gu çrī khan）から、ティベット全土の政権を与えられたので、以後歴代のダライ・ラマは、事実上ティベットの政治と宗教の両権を掌握する最高主長となった。今日に至るまでダライ・ラマは黄帽派の主長として、三千数百の寺院と三、四十万のラマを統率している。その政務は諸大臣が担当しているが、大臣の半数以上はラマである。教主としては別に後蔵のタシルンポ寺（Bkra-śis lhun-po）に、パンチェン・ラマ（Pan chen Lama）がおり、これはツォン・カ・パの高弟ケールブ（Mknas grub）の系統の転生ラマであるが、政治的には単なる地方政権にすぎない。

厳重な独身主義を守るダライ・ラマは、転生（活仏）の方法で後継者を決定する。ティベット人は、ダライ・ラマはその肉体は死滅しても、その遺霊は世々再現すると信じ、通常その遺霊は歿後七週間を経て、ある他の母胎に移り、宿ること九ケ月で再びもとの同じ法主として化現するとしている。そこでダライ・ラマの死後十カ月余りで生まれた男子のうち、最も神秘的な奇蹟のあったものを物色し、そのうちから真の転生者であることが霊証されたものを、次のダライ・ラマとするのである。

こうした霊児が二名以上現れた場合は、その決定はなかなか難しい。彼等はいずれも前代ダライの遺霊を多少とも受けついでいると信ぜられるからである。

その決定はまずラサにある四カ所の護法神の託宣を仰ぐ。各託宣は勿論一致しない場合が多い。その場合は更に霊児たちに特別の養育を施しながら、彼等の霊性を験する。例えば前ダライが日常愛用した珠数などを、他の類似品とまぜ合せ、霊児らにそれぞれ撰びとらせて真偽を試みる。しかし最後の決定は、ラサの聖殿ジョカン寺における厳粛な仏前抽籤《ちゆうせん》式《しき》できめられる。十八世紀以降は清朝から金瓶が贈られ、これに候補者の名札を入れ、厳蔵大臣の主宰の下に、目を閉じた聖主が金の箸でそれを摘み上げるようになった。

霊児は決定後直ちに一切の世俗的環境を絶ち、ダライ・ラマとしての特別教育を受け、成年に達すると初めて即位するのである。前ダライから次のダライまでの十数年間の空位期間には、王者《ゲエポ》（Rgyal-po）が政教両権を代行する。王者にはティベット僧侶中の大僧正が推戴《すいたい》される。第九代以後のダライがしばしば夭折したのは、こうした王者の野心と清朝の対蔵政策の現れであるといわれる。

さて過去十四代におよぶダライラマの系譜は次の通りである。

ダライ・ラマの系譜 (1)

(1) ゲンドゥン・ドゥパ	Dge-ḥdun grub-pa 根敦珠巴	1391 ~ 1475
(2) ゲンドゥン・ギャムツォ	Dge-ḥdun rgya-mtsho 根敦嘉木磋	1476 ~ 1542
(3) ソナム・ギャムツォ	Bsod-nams rgya-mtsho 索諾嘉木磋	1543 ~ 1588
(4) ユンデン・ギャムツォ	Yon-tan rgya-mtsho 雲丹嘉木磋	1589 ~ 1614
(5) ロザン・ギャムツォ	Ṅag-dbaṅ blo-bzaṅ rgya-mtsho 阿旺羅卜蔵・嘉木磋	1615 ~ 1680
(6) a ツァンヤン・ギャムツォ	Blo-bzaṅ rin-cyhen tshaṅs-dbyaṅs rgya-mtsho 羅布蔵林泌・倉洋嘉木磋	1681 ~ 1706
b イェシエ・ギャムツォ	Ṅag-dbaṅ ye-shés rgya-mtsho （ラツァン汗擁立）阿旺伊代嘉木磋	1682 ~ 1752
(7) カルサン・ギャムツォ	Blo-bzaṅ bskal-bzaṅ rgya-mtsho 羅木蔵噶勒蔵嘉木磋	1708 ~ 1757

ダライ・ラマの系譜（2）

(8) ジャムペ・ギャムツォ	Blo-bzaṅ dbaṅ-phyug ḥjam-dpal rgya-mtsho 羅木蔵旺楚克江巴爾嘉木磋	1758～1804
(9) ルントク・ギャムツォ	Ṅag-dbaṅ luṅ-rtogs rgya-mtsho	1805～1815
(10) ツルティム・ギャムツオ	Ṅag-dbaṅ blo-bzaṅ ḥjamdpal bstan-ḥdsin tshul-khrims rgya-mtsho 阿旺羅卜蔵降擺丹増楚称嘉木磋	1816～1837
(11) ケートゥブ・ギャムツオ	Mkhas-grub rgya-mtsho 凱珠嘉木磋	1838～1855
(12) テインレー・ギャムツオ	Ṅag-dbaṅ blo-bzan dampa ḥjamdpal hphrin-las rgya-mtsho 阿旺羅布蔵丹貝甲木参称勒嘉木磋	1856～1875
(13) トゥブテン・ギャムツオ	Ṅag-dbaṅ blo-bzaṅ grub-bstan rgya-mtsho 阿旺羅布蔵図丹嘉木磋	1876～1933
(14) テンジン・ギャムツオ	Ṅag-dbaṅ blo-bzaṅ bstan-ḥdsin rgya-mtsho	1935～

これらのうち、とくに重要なダライ・ラマは、第一、第二、第三、第五、第十三代などである。初代ゲンドゥン・ドゥパ（Dge hdun grubpa）は、黄帽派の開基ツォン・カ・パの甥といわれ、その晩年の弟子であった。タシルンポ寺の創建は彼の畢生《ひっせい》の大事業で、ダライ法王国の基礎はここに確立されたのである。

第二代ゲンドゥン・ギャムツォ（Dge hdun rgya-mtsho）は名声すこぶる高く、明の武宗は彼を北京に招請《しょうせい》するため、わざわざ莫大な贈物と使節を送ったが、ダライは肯じなかった。

第三代ソナム・ギャムツォ（Bsod nams rgya-mtsho）は自らモンゴリアに布教に赴き、アルタン汗の帰依をうけ、前述したように「ダライ・ラマ」の尊称を奉られた。転生の思想が現れてきたのも、この頃からのことであるといわれ、かつその転生第四代はアルタン汗の孫と決定され、ここにティベット仏教は完全にモンゴリアの宗教界を支配することとなった。

第五代ロザン・ギャムツォ（Blo bzan rgya-mtsho）は、オイラートのグシ汗（Gu çrī khan）の知遇を得て、十七世紀初頭以来、中央ティベットを征圧せんとしたツァンパカン（Gtsan pa Khan）を撃退させ（一六四二年）、ティベットを完全にダライ法王国とした傑物である。熱心な黄帽派の信者であるグシ汗は、当時まだ黄帽派の波及していなかったアムド・衛・蔵などを征服して、東ティベットは自己の支配下に、中央ティベットはダライ・ラマに、西ティベットはパンチェン・ラマに贈った。前蔵（中央ティベット）と後蔵（西ティベット）を、ダライ・ラマとパンチェン・ラマとが分掌することは、この頃定まったわけである。歴代パンチェン・

ラマの系譜は次の通りである。

パンチェン・ラマの系譜

(1) ケラブジェ あるいはカイドブ	Mkhas-ras-rab rje, Mkhas-grub Dge-legs dpal-bzaṅ-po 開魯哥魯巴桑保（または凱珠布格埒克巴勒蔵）(1385 − 1438)
(2) ソナム・チョクラン	Bsod-nams phyogs-glaṅ 四朗曲朗（1439 − 1504）
(3) ウェンサウ （本名ロプサン・ドンドブ）	Dben-sa-pa chos-grub-pahi dbaṅ-phung Blo-bzaṅ don-grub-pa 思薩巴（または思洒巴）結珠白旺曲羅布桑敦珠巴（1505 − 1566）
(4) ロプサン・チェジ・ギェンツェン	Blo-bzaṅ chos-kyi rgyal-mtshan 羅桑曲吉甲参（1567 − 1662）
(5) ロプサン・イェシェ	Blo-bzaṅ Ye-śhes dpal-bzaṅ-po 羅布蔵伊喜（1663 − 1737）
(6) ロプサン・パルダン・イェシエ	Blo-bzaṅ dpal-lda Ye-śhes羅卜蔵巴丹伊什（1738 − 1780）
(7) テンピ・ニマ	Blo-bzaṅ dpal-ldan Bstan-pahi ñi-ma　登必尼馬（または羅桑巴爾丹巴里比尼麻）(1782 − 1854)
(8) テンピ・ワントク	Blo-bzaṅ dpal-ldan chos-kyi grags-pa Bstan-pahi dbaṅ phyug dpal-bzaṅ-po 登必汪修　　(1855 − 1882)
(9) チェジ・ニマ あるいはゲレク・ナムジェ	Blo-bzaṅ thub-bstan chos-kyi ñi-ma or Dge-legs rnam-rgyal dpal-bzaṅ-po 羅桑吐丹（1883 − 1937）
(10) ロプサン・ティンレ・ルンドゥプ	Blo-bzan P'rin-las lhun-grub chos-kyi rgyal-mtshan（1938 −）

この第五代ロザン・ギャムツォは転生説を完成して、「ダライ・ラマは観音の転生である」といい、またラサ西郊のマルポイリ（Dmar pohi ri）の岡に、壮大な居館を建造して、今日のポタラ（Potala）宮殿の主要部分を築いた。彼はきわめて先見の明のあった人で、清朝が興起すると直ちに使臣を送って、太宗と好みを結び、世祖の治世には自ら北京に赴いてその厚遇を得（一六五二―三年）ティベットの主権を安泰にした。耶蘇会神父のグリューベル（Johannes Grüber）とドルヴィユ（Albert d'Orville）がラサに潜入して、その驚くべき法王国の真相を、ヨーロッパに紹介したのもこの頃のことである。

当時の宰相サンギェ・ギャムツォ（Sans rgyas rgya-mtsho）も極めて有能で、黄帽派の全盛時代を現出した。サンギェは第五代の死後も十数年間その喪を秘し、第五代の名の下に専権を振った。これを探知した康熙帝の詰問によって、彼は第六代ツァンヤン・ギャムツォ（Tshaṅs dbyaṅs rgya-mtsho）を冊立したが、このラマは歴代中唯一の異色ある人物で、酒と女色を街に求め、種々の物議を惹起した。かかるダライの乱行の噂を聞いたオイラートのラツァン汗（Lha bzan khan）は、ジュンガリア王の後援を頼み、兵を率いてラサに侵入し、宰相サンギェを誅殺し、第六代ツァンヤンを追放した。ツァンヤンは偽ダライの汚名を冠せられて、アムド地方に逃れ、まもなくその地で死んだが、彼の残した数々の恋歌は、今もなおすべてのティベット人に愛誦されている。

ラサに入ったラツァン汗はイェシェ・ギャムツォ（Ye-ses rgya-mtsho）を擁立したが、民衆はツァンヤンを追慕してこれを認めなかった。この形勢をみて喜んだのはジュンガリア王ツェワン・ラブタン（Tsewang arabdan）である。彼は直ちにラサに攻め入ってラツァン汗を殺し、イェシェ・ギャムツォを監禁した。こうした目まぐるしいティベットの変動を、かねてこの方面に着眼していた清朝の康熙帝が見逃す筈はなかった。帝はラツァン汗ににらまれて、西寧の塔児寺にかくれていたツァンヤンの転生というカルサン・ギャムツォ（Bskal bzan rgya-mtsbo）を擁立し、打箭炉《ターチエンル》、西寧の諸地方から分進してラサに進駐し、ティベット人もカルサンを第七代ダライと認め、事件は漸く落着した。

しかしこれ以後、ティベットにおける清朝の威力は極めて大きくなり、独裁法王たるダライ・ラマの冊立さえ、その強制下に行わせるようになった。殊に一七九一年、ネパールのグルカ人がティベットに侵入して、タシルンポを占領すると、清軍はヒマラヤを越えてカトマンドゥ附近にまで進出し、この戦勝の記念碑をラサに建て、そのティベット支配は一段と強化されたのであった。（次章に詳述）

このようにダライ・ラマの絶対支配権は次第に崩壊してゆき、やがてこれ以後は西欧諸国の勢力が強力にこの地方に波及して、ティベットの国情はますます複雑さを加えてゆくのであるが、いずれにしてもこの国のように、国初以来、仏教がその精神的な中枢として、その国のすべてを支配していたことは、世界史上まことに稀有の現象といい得よう。

ティベット仏教は中国仏教に比較すれば、その伝来や経典の翻訳はともに数百年おくれている。しかしその起原はともかく、ティベット仏教の主流をなすアチシャの伝えた教義は、インド仏教がまさに滅びようとする際のものであり、インド仏教の最後のページを示すものとして、仏教史上きわめて重要である。

特にティベットが世界に誇りうるのは、自国語に翻訳した大蔵経をもっていることで、このティベット大蔵経は、パーリー語大蔵経・漢文大蔵経とともに、独自の価値をもつ三大蔵経の一つで、次のような諸特長を有している。

1、インド梵語《サンスクリット》経典の逐語訳であること。

中国は古来文章の国であって、文は簡潔を尙《とうと》び、語は古の成語をとる慣わしがあり、従って外国文を中国語に翻訳することは、まことに至難な事業である。ところがティベット文は、インドの梵語経典をそのまま逐語訳してゆくので、極めて原典に忠実な翻訳ができる。漢訳大蔵経が純粋な翻訳経典であるのに対し、ティベット訳大蔵経は準梵語原典であり、梵語仏典の透字訳ともいいうる。

2、中国の漢訳大蔵経に見られない多数の仏典が包含されていること。

古代の経典でも中国に伝えられなかったものもあり、また伝わっても訳出しなかったものもある。原典がインドにおいてほとんど滅びてしまった今日においては、まことに貴重な資料といわなければならない。かつて漢訳大蔵経とティベット訳大蔵経とを比較研究された、高野山大学教授酒井真典《さかいしんてん》氏の調査によれば、ティベット訳大蔵経（デルゲ版）は、

甘殊爾部《カンギユール》　（**総数一一一四部**）

漢訳に相当するもの　四四四部

漢訳に未伝のもの　　六七〇部（顕教　一一五部 密教　五五五部）

丹殊爾部《テンギユール》　（**総数三五五九部**）

漢訳に相当するもの　一〇七部

漢訳に未伝のもの　三四五二部（顕教　七七四部 密教二六七八部）

からなるといわれ、漢訳に未伝でティベット訳大蔵経に伝えるものは、合計四一二二部の多きを算している。しかもこれらの大部分はパーリ語大蔵経にも見られないものであるから、その文献的価値は全く絶大である。

3、とくに密教経典の多いこと

中国の翻訳事業は唐の中葉で断絶したといってよい。その後、宋代にも多少の翻訳はあったが、それらは九牛の一毛にすぎない。従ってインド文献が見られなくなった今日、密教経典の比較的後世のものは、ティベット文献が唯一のものである。前述の如くティベット大蔵経の包含する経典は四六〇〇部に達し、その中、五分の四以上は漢訳大蔵経に現存しないものである。しかも、丹殊爾部には純仏典のほか、歴史・地理・言語・論理・医学・工芸・服飾等に関するものが多数含まれており、これらは古代および中世のインドやティベットの文化を研究するものにとって、不可欠の貴重な資料である。

このティベット大蔵経は、上記のように甘殊爾と丹殊爾とからできているが、甘殊爾（仏説部）とは、仏陀の教法と教徒の守るべき戒律とを集大成したもので、いわば釈尊の説いた経典集であり、丹殊爾（論疏部）は論釈・注解の集大成で、インドの諸学者が仏典を注釈したものである。従って後者には、前述したように、経や律の注釈を中心に、讃歌や仏事の方法、更に歴史、論理、服飾、医学、工芸など、多種多様の著述を包含している。

編集の内容は版によって若干異同があるが、大谷大学所蔵の北京版（今回影印出版された原本）の内容は、次の通りである。〔同大学長 山口益博士の調査による〕

甘殊爾部

部門	函数	所収仏典数
1、秘密部	二五函	七二九部
2、般若部	二四函	三〇部
3、宝積部	六函	一部
4、華厳部	六函	一部
5、諸経部	三二函	二六八部
6、戒律部	一三函	二六部
7、目録部	一函	

計　一〇七函　一〇五五部

丹殊爾部

A　前函

1、礼讃部	一函	六四部
2、怛特羅部	八六函	二六四〇部

B　後函

1、経疏部	一六函	四一部
2、中観部	一六函	一五八部
3、阿提沙小品集	一函	一〇三部
4、経疏部	一〇函	三九部
5、唯識部	一八函	六七部
6、阿毘達磨部	一函	二〇部
7、律部	一一函	四五部
8、本主部	三函	六部
9、書翰部	一函	四五部
10、因明部	二一函	六七部

11、	声明部	二函	二八部
12、	医明部	五函	七部
13、	巧明部		
14、	修身部	一函	四四部
15、	雑部		
16、	雑部	一三函	一四七部
17、	目録部	一函	一部
計		二二四函	三五二二部

附録（ティベット僧の著述）

1、	宗喀巴全書	二〇函
2、	章嘉全書	七函

これらの諸経典は初めは書写して伝えられたが、十三世紀頃、律部の開版に引き続いて続々その他の諸部も開版され、まずいわゆるナルタン（Snar-thaṅ）寺古版が完成した（一三一二―一二〇年）。これについで北京版（永楽版一四一〇年、万暦版一六〇五年、康熙版一六八四年）やリタン（Li-thaṅ 裏塘）版（年代不詳）などが相次いで刊行され、一七三〇年にはナルタン

寺新版が上梓された。新版はとくに丹殊爾《テンギュール》に独自の厳密な校訂が加えられ、官版として標準視されている。ナルタン寺新版刊行の翌年、カムのデルゲ（Sde-dge 徳格）地方で所謂デルゲ版が刊行された（一七三一年）。デルゲ版は正確な文典的校訂を経ている点に特長がある。康熙版はその後乾隆二年（一七三七年）に修補された。つまりこれはナルタン寺古版本をそのまま覆刻したといわれる永楽版を、デルゲ版によって改訂増補したことになる訳で、他の版本に比して最も整備されたものであり、大谷大学架蔵本はこの修補版と思われる。

このように、四庫全書、康熙字典等の文化事業とともに北京版ティベット大蔵経があるのは、康熙帝のモンゴル民族やティベット民族に対する政策の一端と考えられ、しかもこの康熙版は清朝初期の隆盛期の勅版であるから、原本は超豪華版で、紙質・印刷ともによく影印にたえるものである。由来ティベット大蔵経は流伝きわめて少なく、完本は世界にも数えるほどしかない。とくに北京版は上梓された部数が極めて少ない上、版木も既に不明になっているのみでなく、今日、自由諸国に完本として存するのは、わが大谷大学とパリの国民図書館のみである。今回、財団法人西蔵大蔵経研究会によって、かかる貴重な北京版影印ティベット大蔵経が刊行されたことは、斯学《しがく》のためにまことに慶賀《けいが》すべきことといわなければならない。

以上述べたように、ティベット大蔵経はティベット語に訳された仏教聖典とその註釈の集大成である。しかしそれはいずれもインド人の選述したものの翻訳で、所謂ティベタン・トリピタカ（西蔵大蔵経）の中にはティベット人の選述した文献はほとんど入っていない。かつてテンギュル部の集大成を行ったプトンは、その中にとくにティベット人の選述した論者を加えた。しかしその数は僅かに三十一部で、これは全体の一％にもおよんでいない。

このような態度はその後大蔵経編纂の度に持続されたので、結局ティベット人自身の著作の大部分は、大蔵経に編入されないで今日におよんでいるのであって、これらの著作は『蔵外経典』と呼ばれているのである。この蔵外経典はすこぶる尨大《ぼうだい》なもので、ただに数に於いて大蔵経のそれをしのぐばかりでなく、内容的にも広く〝五明〟の各領域にわたり、驚くべき貴重な労作に満ちみちているといわれる。

しかし蔵外経典は、もともと名僧達識の叢書が主体をなしているので、教派や地域的な制約等の関係もあり、未だに全体的な集大成はなされていない。我が国では多田等観氏の将来された尨大な蔵外経典があり、近年、東北大学印度学研究会から『西蔵選述仏典目録』（A catalogue of the Tohoku University collection of Tibetan works on Buddhism. 1953.）なる称呼のもとにその目録が刊行された。これは多田氏がラサのセラ寺（Sera――色拉）にいた関係から、主として黄帽派関係のものに限定されてはいるが、蔵外経典として主要なものを網羅しているとみられる。

いまその主な目次を掲げてみると、

プトン全書

ツォン・カパ全書

ギェルツァブ全書
ケールブ全書
ダライ・ラマ一世全書
ダライ・ラマ二世全書
ダライ・ラマ五世全書
ダライ・ラマ七世全書
パンチェン・ラマ一世全書

等々、歴代黄帽派の碩学の全集が並んでおり、その他、グル（Guru）・ヨガ（Yoga）を主題とした一連の伝統的著作の集成、大蔵経中、黄帽派の所依とする顕教関係の経論、同じく密教関係の経論、アチシァの論著、ティベット仏教史の基本史料、文法書、詩集、伝記等を含んでいる。

所謂「蔵外経典」は、この外、ナルタン版・北京版等、諸種の大蔵経に少しずつ内容を異にした諸本が含まれている〔上記大谷大学所蔵北京版西蔵大蔵経目録参照〕。これらの尨大な経典・叢書は、それぞれ黄帽派歴代の名僧の手になるものであるから、ティベット人自身の思索、物の見方、考え方を如実に示すものであり、ティベット史の解明はもとより、広くティベット文化全般の研究に極めて貴重な資料であるといわねばならない。

つまり西蔵大蔵経はあくまで忠実にインドのサンスクリット仏典をティベット訳したもので、

古代から中世にかけての仏教教養の研究に不可欠の資料であるが、一方、蔵外経典に示された千数百年に亘り、純粋且つ熱烈な宗教的情熱を持続したティベット人の思索の足跡は、これまた無視し得ない貴重な資料である。

ただティベット人の純粋な宗教心は、自分達の見解が大蔵経典に介入することを極端に忌避したと見え、前述の如く彼等の著述で大蔵経に収蔵されているものは極めて少ない。それらの悉くは蔵外経典として別に集められている。しかしこれこそはティベット文化の綜合研究の分野に於いて、大蔵経とともに重貴な資料といわねばならない。

財団法人西蔵大蔵経研究会では西蔵大蔵経の刊行に引き続き、これら厖大な「蔵外経典」を編集し、その刊行をも企画しているが、これは以上述べたようにティベットおよびインド文化の研究のためには、大蔵経の刊行それ自体と比べて遜色のない文化事業であって、その刊行が実現されることを期待するものである。

第八章　ティベットの近代

前節で述べたように、十八世紀の後半、ティベットには強力な中国の支配が確立されたが、やがて十九世紀の後半に入ると、内陸アジアの極奥に位置するこの国にも、次第に西欧諸国の干渉が行われるようになった。その頃、ユーラシア大陸の南北をめぐって、北方は帝政ロシア、南方はイギリスの勢力が、それぞれ極東地方に到達し、やがてこの両勢力は、アフガニスタン・パミール・ティベットなどの中間地帯に、その支配力を波及しようとしてきたのである。

一七五七年、プラッシーの大勝以来、破竹の勢で全インドを席捲したイギリスは、一八八〇年、アフガニスタンに進出したが、その頃、西トゥルキスタンのブハラ（Bokhara）・ヒヴァ（Khiva）・ホーカンド（Khokand）三汗国は、南下する帝政ロシアに次々に侵略されていった。この両国の触手が、世界の秘境ティベットに波及したのもこの頃からのことである。即ちティベットの宗主権を主張する清、これを自己の勢力下に置かんとするロシア・イギリス、この三勢力の鼎立によって、ここにティベットは、前古未曾有の国際的紛争の焦点と化したのである。以下このティベットと清、イギリス、ロシアとの国際関係を各国別に眺めてみよう。

（1）ティベットと清朝との関係

前に述べたように、ティベットと清朝との関係は、第五代ダライ・ラマ、ロザン・ギャムツォの遣使以来、極めて友好裡に展開していた。それは清朝興起の頃からのことであったが、十七世紀末から十八世紀の初にかけて、康煕帝の対ティベット積極政策が奏功し、ティベットの主導権は清朝の手中に帰するようになったのである。

一七二〇年（康煕五九年）、康煕帝はジュンガル王ツェワン・ラブタン（Tsewang arabdan）を攻撃した。その結果ダライ・ラマの冊立権は清朝の手に移った。その後、雍正帝の初期には、蔵務総理、康済鼐と副総理、阿爾布巴との不和を巧みに利用して、ティベットに兵を進めた。そして遂に康済鼐に代って頗羅鼐《ポラネー》（Pholha gnas）を蔵務総理とし、正副二名の大臣を置き、四川・陝西の兵二千を前後両蔵に留めて、国内の治安を維持せしめた。即ち大臣駐蔵の初めである。

しかしこれらの措置はいずれもティベットの内政にまで干渉しようとするものでなく、ただダライ・ラマを清朝の勢力下に置くことを目的としたものであった。とくに清朝が恐れたのはティベットとジュンガル部との接近で、これ以後、しばらくの間、ダライ・ラマは四川省に近いリタンの噶達寺（恵遠廟）に移牀され、強力なティベット官兵が、ジュンガル部の侵入路に当たるカラウス、テングリノールの東・中二路地方に配されていた。その後一七三三年（雍正十一年）には、ジュンガル部が全く清朝に鎮定されるにおよび、守備兵の減員やダライ・ラマのラサ帰還が許されるようになった。

かくて一七五〇年（乾隆十五年）には頗羅鼐の子ギュルメ・ナムギェル（Hgyur med rnam rgyal）の叛乱などがあったが、大体に於いて十八世紀末までは、清朝の権威は強力であった。ギュルメ・ナムギェルの乱後は、駐蔵大臣配下の主事大官（噶卜倫）は一人に専任せしめないことにし、四人の主事大官を駐蔵大臣が任命し、重要事路はダライ・ラマと駐蔵大臣に稟議して、その指示により事を行わしめた。

清朝が更に強力な支配をティベットに加えるようになったのは、一七九二年（乾隆五七年）のグルカ征討以後のことである。一七八八・九一年の再度に亘ったグルカ族のティベット侵入については、清朝の史書、聖武記・東華録・衛蔵通志などに詳述されている。これによると、その原因は第六代パンチェン・ラマの死後、その法王位および財物をめぐる兄弟間の抗争に端を発したものと目されている。即ちパンチェン・ラマの弟シャマルパ（Shwa dmar pa）はこの抗争の結果、何等得るところがなかったので、憤懣《ふんまん》の余り、このことをグルカ族に告げたのである。グルカ族はその頃ネパールを征服した勇猛なヒマラヤ山岳民で、シャマルパと同じく紅帽派の信徒であった。しかしグルカ族のティベット侵入は、こうした宗教上の問題の上に、さらにティベット辺境官吏のグルカ族貿易商に対する横暴、特に、ティベットからネパールへ輸出する塩の不良に由来している。古来、ヒマラヤ山脈の中腹にあるネパールの住民は、食用塩をティベットから輸入していた。ところがティベットの辺境の官吏は、ラサの噶卜倫と賄通して、貿易品に重税をかけ、商賈は輸出塩に沙土を混入したりしてネパール人の怨《うらみ》を買っていた。

もっとも第一回（一七八八年）のグルカ族侵入は、侵入といってもネパールの国境の聶拉木(Ny-anam)、済嚨（Kirong)、等を侵したにすぎなかった。しかしこの報を受けた乾隆帝は、ティベットにおける黄帽派の危機と見て、御前侍衛大臣の巴忠に四川の官兵三千を率いてラサに急行せしめた。巴忠は功を焦ったものか、私に噶卜倫と結んで、

一、グルカ軍は侵入地から即時撤退すること。

二、ティベットは毎年元宝三百箇を地租としてグルカに給すること。

という極めて不名誉な条件で、和平を締結した。侵入地はもともとティベット領であるから、その地を撤退する代りに地租を支払うということは、まことに名分にそぐわぬ条件である。しかもティベットは和議を実行せず、地租も支払わなかったので、グルカ族は、一七九一年、再度ティベットに侵入し、南ティベットの要衝、タシルンポを徹底的に破壊・略奪した。巴忠は責を負って投河自殺し、駐蔵大臣保泰はパンチェン・ラマとともに辛うじて難を逃れたのである。

一七九二年、乾隆帝はグルカ族を制圧するため、大将軍福康安を遣してネパールを征討せしめた。清軍は三路からヒマラヤ山脈を越えてグルカ軍を蹂躙《じゅうりん》し、首都カトマンドゥを陥れた。グルカは前年以来の略奪品を一切返還し、五年毎に清朝に入貢することを約して降服した。

こうした相次ぐティベット辺境の紛争は、いたく乾隆帝を憂慮せしめた。賢明な帝はかかるグルカ侵入等の諸問題の根源は、駐蔵大臣の無責任と噶卜倫の専横にあることを看破し、遂に

ティベット内政の根本的な改革に着手した。かかる清朝の革新策は、当時の記録である東華録（善後章程）や理藩院則例（西蔵通制）によって窺い知ることができる。即ち駐蔵大臣はダライ・ラマ、パンチェン・ラマと同格であるとしている。ロックヒル（Rockhill）は東華録等によって、両ラマは駐蔵大臣に対し上奏権はなく、ただ稟明《りんめい》する権を有するといっているが、そのような記録は同書には見当らない。

行政上、ティベットの官吏は文武ともに三品から七品の官位を与えられた。駐蔵大臣の下で、国内の政務を総理する四人の噶卜倫（主事大官）は三品であり、彼等以下、一切の官吏は駐蔵大臣に属するものとして、すべての政務を大臣に稟議しなければならなかった。官吏の任命は必ず駐蔵大臣の認証が必要で、ダライ・ラマが独断で決定することは出来ないこととなっていた。また各大寺のラマ僧の任命も、ダライ・ラマの一存で決することは不可とされた。各地の地方官吏、商務官等も一切、駐蔵大臣の稟議・認証を必要とした。

財政上に於いても、毎年ティベット人民のダライ・ラマ、パンチェン・ラマに対する食糧・衣料等の租税、布施等まで、一切、駐蔵大臣の監査を経ねばならなかった。外蕃との交通、地方事件の請願、戸口調査、各地の警備、屯兵の整備等も皆、駐蔵大臣の管理に委ねられた。

最も重要なことは、前述した金瓶掣籤《きんぺいせいせん》の制である。ダライ・ラマ、パンチェン・ラマを初め、国内各地の大小活仏《フトクト》の化身《フビルハン》・転生の決定は、いずれも駐蔵大臣の主宰のもとに行われた。即ち駐蔵大臣は候補者の姓名・生年月日を、満、漢、蔵三体の文字で牙籤《げせん》に記して、ラサのジョカン寺に安置した欽賜の金瓶に貯蔵し、諸々のラマ僧が七日間の読経をした後、これを目隠しした聖主が金の箸でつまみ上げて決定するのである。第九代から十二代までのダライ・ラマがいずれも夭折しているのは、恐らく多くのラマ僧の陰謀の犠牲となったのであろうが、駐蔵大臣の策略によるものもあったと推測される。

以上のように、ティベットに加えられた清朝の政治的制約は相当強力であったと思われるが、実態はなかなか単純ではなかったようである。第一、ティベットに於いて最も重要であるラマ寺に対して、果たしてどれ程清朝の勢力がおよんだか疑わしい。大ラマ寺はとも角、小ラマ寺の活仏はすべてダライ・ラマの任命に委ねられていた。ティベットに於いて土司は多くはその地方のラマ僧が兼任しているのであって、結局、乾隆帝の意図に反し、実権はなかなか清朝に掌握されなかったようである。

こうした傾向は清朝の勢威が衰えるにつれ、ますます烈しくなったように思われる。ベルは名著「西蔵・過去と現在」に於いて、

乾隆帝の改革勅諭後、十二年にして、既にティベット人は清朝の規則に従わず、自らダライ・ラマを選立し、清朝政府もこの変則または規則違反を見逃すのを得策とした。

と述べている。

かかる傾向が最も明瞭に露呈されたのは、一八六三～七七年におよんだカム地方瞻対土司（Nya-rong）のデルゲ占領事件である。ことの起こりは該地方の土司コンプ・ランギェ

(Komp-Rangie) が、近傍の土司を糾合して、一八六三年、デルゲを占領したのに初《はじ》まる。清朝はラサ政府と協力してこれを弾圧したが、コンプ・ランギェは両軍の間隙を縫ってしばしばリタン(裏塘)・パタン(巴塘)等を侵し、遂に独立してしまった。

このように清朝のティベットに対する覇権は、ほとんど有名無実なものであった。特に時が経つにつれ、駐蔵大臣の腐敗はますます著しく、贈賄・遊興に専念してティベット人に迎合する者が多くなり、一切の政務はラマ僧によって執行されるようになった。

一八五五年(咸豊五年)のグルカ族のティベット侵入の如きもその一証である。これはさきの乾隆帝のグルカ征討の輝かしい成果を一挙に覆したものであり、翌年成立した「ネパール・西蔵条約」をみると(巻末参照)、ティベット政府の年額一〇、〇〇〇ルピー贈遣、グルカ政府官吏のラサ駐在、グルカ人のティベットにおける治外法権・自由貿易権等を規程しており、形式上、清朝皇帝の尊敬を約してはいるが、ティベットにおける清朝の権威がいかに有名無実であったかを裏書きしている。

(2) ティベットと英国との関係

イギリスがティベットと関係をもつようになったのは、清朝のグルカ征討(一七九二年)よりも以前のことである。イギリスはベンガル地方の覇権をかけた有名なプラッシーの戦(一七五七年)と、ムガール帝国の運命を決したブクサルの戦(一七六四年)の後、その勢力はヒマラヤ山麓のネパール、ブータン両国の国境に迫ってきた。一七七二年、ブータン王はベンガル地方の混乱に乗じ、ブータン辺境のクーチュ・バハール地方を占領した。

時のベンガル総督はクライヴ（Lord Robert Clive）の後を襲ったワレン・ヘスティングス（Governer-General Warren Hastings）であった。ブータンの侵入はベンガル州の直接の脅威であったから、彼は直ちにイギリス軍を送って、ブータン軍を破り、余勢を駆ってブータンの首都プナカに迫り、やがては全土を征圧しようとした。ところがブータンはラマ教国であったので、国王の要請により、第六代パンチェン・ラマが一書をヘスティングスに送って、両者の仲裁を申入れた。ティベットでは、当時ダライ・ラマがまだ幼かったので、パンチェン・ラマが政権を掌握していたのである。

すでにヤングハズバンドも認めているように（Sir F. Younghusband; India and Tibet, p. 5）ヘスティングスのこの書簡に対した処置は、まことに事宜に適したものであった。彼の政策は積極的で、且つ機敏と熟慮、迅速と執拗《しつよう》とを巧みに兼ね備えていた。

パンチェン・ラマの親書をもったティベット使臣の来訪は、ヘスティングスにとって容易ならぬ好機と思われた。親書を読んだ彼は、矢継早《やつぎばや》に使臣にティベットのことを尋ねた。ティベットが大清帝国の西部に境を接していること、ブータンはティベットの属国であること等は、今まで東インド会社では全然知らないことであった。ダライ・ラマの至上権や、険悪なティベットへの旅程の話、またラマからの珍しい贈物、金を鏤《ちりば》めた毛皮や、金銀貨、砂金、麝香、羅紗《らしゃ》等は、ヘスティングスの空想をそそるに充分であった。偉大なるクライヴ卿の後をついだヘスティングスは、貴重なこれらの贈物や新知識に興奮して、ベンガルとティベットとの交易、更に清朝への陸路開拓を夢みたことは疑うべくもない。当時清は海路広東等に赴いて交易しようとするヨーロッパ人を次第に敬遠していたからである。

一七七四年、彼は僅か二八才の青年ボーグル（George Bogle）をティベットへの使者として選任し、パンチェン・ラマの住むシガツェ（Shigatse）に赴かせた。この時、彼がボーグルに与えた左の訓令は、古今の名訓令と評されている。

予は貴下がラサに赴かんことを望む。……貴下の使はブータン（ティベット）とベンガルの住民間に、相互対等の通商を開くにある。この目的を達するためには、貴下が最善と信ずる方法で交渉を進めてよろしい。貴下は試みにインドから輸出しうるような商品の見本を携行されたい。……またブータンに於いて入手し得る工業製品、物産にして他国より輸入されし物につき、充分調査されたい。……ベンガル国境とラサ間の道路の状態、その途中の風土、ラサと隣接諸国との交通、これらの国の政治、財政および風俗習慣をも調査されたい。……貴下の滞在期間は貴下に一任する。貴下が派遣の目的を達し、ティベットの国情および上記の調査事項につき、完全な知識を得るまで充分滞在されたい。もしラサに駐在官設置の有用なることが判明し、且つその維持費はそれによって得らるる利益に償われ、東インド会社には別に負担をおよぼさぬ見込みが立つならば、なるべく速やかにその旨を具申《ぐしん》されたい。これに対する予の命令が到着する以前に帰国の必要が生じた場合には、正式の駐在官が任命されるまで、貴下が適当と信ずる者を貴下の代理として残されたい。費用については遠慮なく申し出でらるべく、予は遅滞なく支弁するであろう。費用には何の制限もなく、貴下の必要に応じて十二分に使用されたい。……予は事の成就を望む。そのため貴下の必要なことは、何なりと用意するであろう。(Sir C. Markham; Mission of Bogle, p. 6.)

才気潑剌たるボーグルは、かかる自由な訓令を得て、勇躍シガツェに向い、同年十一月八日、パンチェン・ラマのもとに到着した。両者は直ちにブータン問題の円満解決を話し合い、ついでボーグルは通商問題を切り出した。これに対しパンチェン・ラマは、いままでベンガル地方との交易は、ブータン・ネパール間の戦闘のため途絶えているが、両地間の通商には商人たちを激励していること、金・麝香・牛毛・毛織物等がティベットから輸出されていること、ティベット商人たちはインドの暑気を恐れていること等を語った。しかしパンチェン・ラマの好意的な配慮にも係《かかわ》らず、ボーグルはラサ政庁に対して通商関係を確立することはできなかった。それはラサ政庁の狐疑《こぎ》的な態度が最後まで障害となったのであった。即ち彼の要請によって会見したラサからの使者は、ティベットと清朝との複雑な関係を述べて、ボーグルの申し出を婉曲に拒否したのである。

かくて彼は凡《あら》ゆる手段を尽したが、遂に両国の通商関係打開には成功せず、空しくベンガルに帰った。しかし彼とパンチェン・ラマとの個人的親善感は、相互に深く印象づけられ、その後の事件の解決に有効であった。

ヘスティングスはその後も再三ティベットへの特使派遣を企図した。一七七六年および七七年にはハミルトン（Hamilton）をブータンに送り、まずここから通商関係を打開しようとした。また一七八〇年には再びボーグルをティベットに派遣しようとしたが、パンチェン・ラマが北京に赴いたことを知り、彼も北京に遣わされることとなった。ところがパンチェン・ラマは北京で急死し、ボーグルもまもなくカルカッタで病没し、苦心の策も水泡に帰したのであった。しかし幸運は遂に彼等の頭上に輝いた。一七八二年、パンチェン・ラマの転生を祝賀するためと称して、タシルンポに赴いたターナー（Turner）大尉は一年あまりその地に滞在し、インド商人の自由入国などを取りきめ、ここに両国の通商関係を打開したのであった。

だがその後の関係は、あまりはかばかしくなかった。むしろ予期しない事件が次々に勃発して、しかもそれらが極めてイギリスに不利に展開した。例えば一七九一・二年のグルカ族のタシルンポ略奪は、前述のように清軍の鎮圧によって、グルカ族の完敗に終ったが、追いつめられた彼等は、カルカッタ政庁に武力援助を請願した。しかし当時のインド総督ジョン・ショア（Sir John Shore）は、インドの内治に全力を集中していたので、北方辺境の情勢はあまり重要視せず、僅かに連絡将校をカトマンドゥに派遣したにすぎなかった。

このことは勿論、清の将軍福康安の耳にも入り、イギリス人がネパールを使嗾《しそう》しているのではないかとの疑惑の念をもち、清軍はネパールのみならず、シッキム、ブータンをも席捲し、外国人の入国を厳重に遮断した。かくて、これより後、インドとティベットの交通は完全に断絶し、イギリス人はシッキムおよびティベットに入国する権利すら失ってしまった。ジョン・ショアの政策転換を契機として、十九世紀のイギリス・ティベット両国の関係は消極的関係に終始し、ヘスティングス総督の雄図は完全に挫折した。厳重な鎖国政策によって取り付く島を失ったイギリスは、止むなくティベットを取り巻くヒマラヤ諸国に対する工作を進めた。

一八一四〜一五年のネパール制覇、一八二六年のアッサム、マニプール支配、一八四一年のブータン領アッサム占領などは、いずれもかかる計画の一端である。一八四六年には新興のシーク王国を制圧し、カシュミール自治区の成立をみた。勿論これは英国の属領となったのである。かくてイギリスはあるいは懐柔、あるいは武力抗争等により、漸次ヒマラヤ諸国を自己の勢力圏に加入せしめたが、このことはティベット人の疑惑を高め、殊にそのティベット敬遠策はティベット人をしてイギリスの実力さえ疑わせるようになった。

この傾向に更に拍車をかけたのはシッキム問題である。一八八五年、ベンガル政庁顧問コルマン・マコーレイ（Colman Macaulay）は、ヘスティングス以来、長く断絶していたインド・ティベット間の修好再開を企図して、非常な努力を払った。彼はまずティベットの国境をつぶさに調査し、たまたまこの地に来合せたティベット官吏と会見して、もし清朝の許可さえあれば、ティベット人は喜んでインドと交渉を再開するであろうと確信した。マコーレイの熱意はベンガル政庁のみならず、イギリス本国のインド事務大臣をも動かし、遂に彼は北京に派遣され、まんまと入国手続の獲得に成功した。マコーレイは勇躍して一切の準備を整え、将にダージリンを出発しようとした。

しかし事実はしかく簡単にはゆかなかった。ティベット人は既にイギリスのヒマラヤ政策を深く疑っており、十九世紀末、相次いで行なわれたヨーロッパ人のティベット探検、なかんずくベンガル政庁保護の下に行なわれたサラト・チャンドラ・ダス（Sarat Chandra Das）の秘密探検以来、極度に神経質になっていた。清朝は駐蔵大臣を通じて、常にヨーロッパ人はラマ教の代りにキリスト教をティベットに広めようとしているのであり、特にティベットの金鉱に目をつけているのだといいふらしていたからである。しかもこの時不運にもビルマ問題が、微妙な風雲を孕んできた。即ち一八八四年、フランスがビルマと結んでメコン河以東の地を占領したので、イギリスは断固ビルマを併呑することとなり、翌一八八五年、この地を占領し、更に翌年、清朝とイギリスとの間に「ビルマおよびティベットに関する条約」が締結された。（巻末参照）イギリスは清国の属国ビルマの事実上の主権を獲得し、その代り、ティベットに対する使節派遣、交易強要等の権利を拋棄《ほうき》した。その結果、準備万端整ってダージリンに待機していたマコーレーに、突然、遣使中止の命令が発せられた。

マコーレーの入蔵中止は、ティベットにも大きな反響をまき起した。短慮な彼等は、イギリス人が入蔵を中止したのは、実は我々を恐れているからだと勘違いした。これに拍車をかけたのは、ラサのネチュン託宣所であった。託宣所のラマ僧たちは、ティベットの堡塁《ほうるい》には魔力の加護があり、イギリス軍の武装を無力にし、今こそティベット・シッキム間に有利な国境を決定すべき好機だと唱えた。

一八八七年、遂にティベット軍はシッキムに侵入し、グナトン（Gnaton）近傍のリンツ山（Ling-tu）を占領をした。彼等は一四〇キロメートル先方のダージリンをも攻略すると豪語して、シッキム王をティベットに強制的に移転させた。イギリス政府は直ちに侵入兵の撤退を要求したが、清朝もティベットもともに何の応答も示さなかった。

翌一八八八年三月、遂にベンガル政庁はグラハム（Graham）将軍を送ってシッキムのティベット軍を攻撃し、これをチュムビ渓谷の彼方に追いやった。小銃の代りに弓矢・呪符をもち、作戦の代りに魔法を信ずるティベット軍は、到底イギリス軍の敵ではなかった。しかし二カ月後、ティベット人は再び攻撃に出て、グナトンに厳在するイギリス側を襲った。九月には三度グナトンに迫り、しかも一夜のうちに高さ一メートル余りの防壁を三マイルに亘って構築した。業を煮やしたグラハム将軍は、直ちに手兵を率いて再三これを粉砕した。

相次ぐ国境の紛争を観望していたラサの駐蔵大臣も、漸く問題解決のためにグナトンに乗り出してきた。ティベット軍の敗退によって、ティベットに滞留中のシッキム王も、二年ぶりで故国に帰ってきた。イギリスはシッキムに弁務官を置いて、その内政・外交を監視し、これを保護領とした。

一八九〇年、両国の意見は漸く歩みより、駐蔵大臣升泰とインド総督ランスダウン（Lansdowne）との間に、所謂シッキム条約が締結された。その要点は、

一、ティベットとシッキム間における国境の確定と国境不可侵の約定。

二、シッキムに対するイギリスの保護権。

三、ティベット・シッキム間の通商、シッキム国内の遊牧、両国官吏の交渉往来に関しては、批准交換の日から六カ月以内にインド・ティベット双方から委員会を任命し、会談して決定する。

等々である。こうしてイギリスは東はビルマから西はネパールに至るまで、完全にその手中に収め、一八九三年には更に通商章程（Trade Regulation）を締結したが、それでもなおティベットの対英態度は悪化の一途を辿り、決して好転しなかった。一八九四年五月一日は条約によって決定されたヤートン（Yatung 亜東）の通商開市の日であったが、ここに派遣されたシッキム駐在官クロード・ホワイト（Claude White）は、あまりの不合法に憤然たらざるを得なかった。彼の報告によると、開市地域は四方丘に囲まれた狭い谷底で、設けられた店舗は

ヨーロッパ商人の到底使用できぬものでありながら、家賃の請求額は普通の五倍以上であった。ティベット人は横柄で、事々にイギリス人の商取引を妨害し、更にヤートンの北、パリ（帕里）を通過する商品には、すべて一割の重税を課した。けだしティベット人にいわせれば、シッキム条約は英・清両国間に締結されたのであって、我々には何等関係がないというのである。

こうした文明人にとってはとうてい不可解なティベット人の行動を、当時のイギリス側の当事者であるベル、ヤングハズバンド等は、口を揃えて非難しているが、ティベット側から見れば相応の理由があったのである。特にティベット人の怒りを惹起したのは、従来彼等が領土の一部と考えていたシッキムでの遊牧に対する制限であった。シッキム条約によれば、イギリスはシッキムに於いて相当の権限を得たにも係らず、ティベット人は逆にイギリス官憲の規程する遊牧規則に従って遊牧しなければならぬこととなったからである。

このような訳であったから、シッキム条約は現実にはなかなか履行されなかった。貿易活動はティベット商人の妨害で停頓《ていとん》状態に陥り、国境紛争もしばしば起こった。一八九五年五月から は両国の国境を確定すべく、英・清両代表が国境に会して、ゼラップ・ラ（Jelap-la）峠から境界標を建て始めた。しかしこれもラマの反対を口実に、まもなく延期となった。こうしてインド・ティベット貿易は、事実上断絶したまま五年あまりの歳月を空しく過した。イギリスの対蔵政策がパンチェン・ラマの仲介によって口火を切られたものであったことも、情勢混沌化の一因であった。十三代ダライ・ラマ、トゥブテン・ギャムツォは覇気に溢れた英邁な人物で、パンチェン・ラマとイギリスの接近を危険視し、政治的にも宗教的にもイギリスの干渉を快く思わなかった。

一八九九年頃からイギリスの対ティベット政策は、一段と積極化した。インド総督カーゾン卿（Lord Curzon）は、国境官吏の曖昧さに当惑して、ラサ政庁と再び直接交渉に入ろうと決意し、ダージリン在住のブータン代表ウグェン・カージ（Ugyen Kazi）に依頼して、ダライ・ラマ宛に手紙を送らせた。イギリスのかかる積極化は、恐らく南阿戦争の終結に伴い、この地方の積年の紛争を一挙に解決しようとしたものであろう。こうした試みは一九〇一年まで再三行なわれたが、総督の手簡はいつも鎖国を理由に、封のまま返されるのが常であった。このような情勢裡に、イギリスの朝野を震撼させた一事件が勃発した。即ちロシアのティベットへの接近である。

（3）ロシアの接近と英蔵関係
——附　現代のティベット——

十九世紀後半にウスリー江一帯を併呑し、クリミヤ戦争（一八五四—五六年）以後、中央アジアの三汗国（ブハラ、ヒヴァ、コーカンド）を征服したロシアが、ティベットに干渉しはじめたのは、女帝カザリン二世（一七六二―九六在位）の時代である。女帝は外モンゴリア諸族を懐柔して、モンゴリアとティベットとの間に通商関係を開くべく、しばしばパンチェン・ラマに慫慂《しょうよう》した。その結果、ロシア商人はラサに入ることを許され、その上、女帝の懐柔策は次第に功を奏して、モンゴリアからティベットに赴く多くのラマ留学生は、口々にラマ教に対するロシアの好意を宣伝した。

俊敏なダライ十三代が、執拗な工作を繰り返すイギリスに脅威を感じて、ひそかにロシアと提携しようとしたのは理の当然である。

ダライ十三代に親露政策を決意せしめたのは、ブリアート族出身の留学僧ハンボ・アグヴァン・ドルジェフ（H. A. Dorjief）である。彼はモンゴル語のみならず、ロシア語を善くし、世界の情勢に通じていた才人で、ラサに修学すること数年、ダライ・ラマの信任を得てその侍講となっていた。ダライは彼に世界の大勢を聞いて深い感銘を憶え、一八九八年、彼を特使として、ロシアの首都ペテルブルグに派遣した。一九〇〇年九月、離宮リワディヤでドルジェフと会見したニコライ二世は、ダライ・ラマに金時計を送って、ロシアとティベットの親善と支持を表明した。翌年、彼は再度ペテルブルグに赴き、ニコライ二世に接見して両国の親善関係を確立している。一九〇一年八月のロシア官報（Messenger Official）は、

陛下はティベットのダライ・ラマよりの特使に接見された。

と公表した。ペテルブルグの新聞は一斉にこの記事をとり上げ、ダライ・ラマが「ロシアこ

そ、イギリスの陰謀を防ぎうる唯一の勢力」と述べた旨を伝え、ドルジェフを歓迎した。

かかるティベットとロシアの急速な接近は、イギリスの朝野を震撼させた。ロシアの外務大臣はイギリス大使に、ドルジェフの使命は純粋に宗教的な性質であると通告したが、イギリス側としてはそれだけで安心する訳にはいかなかった。既に何回か触れたように、ティベットでは常に宗教は政治と密接に結びついていたからである。

かくてイギリスの積極的な対ティベット工作が敢行された。一九〇三年、インド政府のヤングハズバンド（Sir Francis Younghusband）大佐は、英印軍を率いてブータン・シッキム間に楔形に横たわるチュンビ渓谷からティベットに侵入した。このヤングハズバンド大佐の遠征は、氏の著 India and Tibet, 1910, Lond. に詳しい。

同年十二月十二日ゼラップ・ラ峠をこえた英軍は、翌年四月ギァンツェ（江孜）に入り、ティベット軍の奇襲を排除しつつ七月にはヤムドク・ツォ湖畔からブラマプトラ河を渡って、八月三日、遂に目的の地ラサに入城した。ヤングハズバンドはラサ入城の感激を次のように綴っているが、それはまことにナポレオンのモスクワ入城に比すべき壮図であった。

多くの旅行家にとって、野心的な目的地であるラサは、今やついに私の目の前にある。我々が多くの忍耐や危険を払い、最善の努力を傾けた目標は、今や獲得された。自然と人間による我々の前進に対する障害は、悉く克服され、ヒマラヤの峰々の奥深く、断じて異邦人の入ることを許さなかった聖都ラサは、今や我々の前にその全貌を現わしている。(Younghusband; ibid. p. 250)

ダライ・ラマとその側近は、モンゴリアの首都クーロン(庫倫)に蒙塵《もうじん》し、ドルジェフやロシアから派遣されていたカズロフ(Kozlov)少佐もまた逃亡した。まもなく秩序の回復したラサでは、ヤングハズバンド、駐蔵大臣、三大寺の管長立会いのもとに、ラサ条約が締結された。その主な項目は次の通りである。

1、インド・ティベット間の貿易市場を、ギァンツェ(Gyantse・江孜)とガルトック(Gartok・噶大克)の二地点にひらくこと。
2、ティベットはインドへの輸出入諸関税を全廃すること。
3、賠償金は五〇万ポンドとし、七五年賦で支払うこと。この支払の完了するまで、イギリス軍はチュンビ渓谷を占領する。
4、ティベットはイギリスの許可なしに、他の外国人の内政への干渉、外国人の代表の入国、鉄道・電信・道路・鉱山などの利権の提供を許可しないこと。

こうしてティベットに対するイギリスの優位は、一朝にして確立された。この条約に対して、最も強硬に反対したのは、従来、ティベットの宗主権を主張してきた清朝であった。

だが阿片戦争以来、その弱体を見ぬかれてきた清朝に何ができよう。清朝との交渉は、イギリス軍の撤退後行われることになり、その後の交渉で、賠償金は十六万六千ポンド（二五〇万ルピー）に引き下げられ、三年間に三〇万ルピーを支払えば、イギリス軍はチュンビ渓谷を撤退すること等が取り決められた。しかしイギリス側の態度はあくまで強硬で、結局一九〇九年の北京条約で、清朝はラサ条約の主要部分を承認させられたのである。

このようなイギリスの進出ぶりを、ロシアが看過していたのは、ひとえに当時の極東情勢の緊迫のためであった。三国干渉以来、遼東半島の帰趨《きすう》は、微妙な空気を孕《はら》んでいたが、この地方の向背《こうはい》は全東北アジアの支配に関するだけに、日本とロシアの関係は極度の緊張を呈していた。イギリスはこの対立を巧みに利用して、日英同盟を締結し、日本を東洋の番犬とすることを忘れなかった。日露戦争の勃発は、丁度ヤングハズバンドがティベットに遠征した翌年、つまり一九〇四年のことであった。この戦における意外な敗北は、ロシアの朝野に大きな混乱をまきおこし、所謂ロシア第一革命をさえ惹起したほどで、当時のロシアには、到底イギリスのティベット進出に、干渉する余地はなかったのである。

ユーラシア大陸の東西を貫ぬいて、かかる両国の対立は、遂に一九〇七年、英露条約で、ペルシア、アフガニスタン、ティベット等の広汎な地域にわたる最後的な決定がなされた。その内、ティベットについては、両国は中国の宗主権を認め、

1、ティベットの内政に干渉しないこと。
2、英露両国のティベットとの交渉は、清朝を介してのみ開始すること。但しラサ条約に起因する事件に関してはこの限りではない。
3、両国ともにラサに代表を派遣しないこと。
4、道路・鉱山などの利権を要求しないこと。

などを約定した。英露条約は主眼をペルシア・アフガニスタンの国境設定においていたので、大体においてこのティベットについての条項も、イギリスのラサ条約以来の特権を前提としたものではあったが、イギリスはティベットをインド防衛の空白地帯とすることで満足したのである。

一方、ヤングハズバンドの遠征によって、クーロン（庫倫）に蒙塵したダライ十三代は、そこからシベリア鉄道によってペテルブルグに赴こうとしたが、その地で日露戦争におけるロシアの敗北を知り、にわかに予定を変更して北京に出て、イギリス側の了解を得ようとした。当時、もし彼がニコライ二世の許に赴いていたならば、その後の英・露・中・西蔵の関係は大きく変わっていたであろう。まことに歴史は僅かな因子によって、意外な方向に変転してゆくものである。

清朝はダライ・ラマが蒙塵すると、直ちに彼の廃位を宣告したほどであるから、勿論彼への待遇は冷やかなものであった。しかも彼の在京中、頼みとした西太后、徳宗は相次いで逝去したので、彼は暗澹《あんたん》たる心を抱いてラサに帰らねばならなかった。

相次ぐ西欧諸国の干渉に、ティベットの主権にまつわる清朝の焦慮は遂に武力行使を決行せしめた。東ティベットの直轄領化は、すでに一九〇五年頃から、四川総督趙爾豊の手によって着々進められ、一九一〇年には西康省の成立を見た。帰蔵の途、清軍の侵犯ぶりを親しく見聞したダライ十三代は、一九〇九年、駐蔵大臣連予に清軍の撤退を要求したが、その西進はますます急を告げた。ダライは身の危険を感じ、一時はロシアに避難しようとしたが、種々の障害があって遂に果たさず、時あたかも到来したイギリス側の勧告に従って、遂にインドに蒙塵した。

こうして清軍の勢威は再びティベットを蔽い、さらに南下して、ブータン・ネパールにも干渉を加えようとした。一九一〇年十二月北京のイギリス公使が清朝に対して、

ネパール・ブータンはいずれも清朝の干渉を許さない。イギリスがブータンと新条約を締結して以来、ブータンの外交関係はイギリス政府の管下に属し、この両国に清朝の権勢を行使されることは絶対に許容しない

旨を通告したのは、このような国際情勢の変化に対応したものであった。

ことここに至ってはさしものダライ十三代も、従来の親露政策を一変してイギリスに屈服す

るほかなかったのである。彼はカルカッタでインド総督と会見し、イギリスの武力援助を要請した。一方、清朝は再びダライ・ラマの廃位を宣言し、イギリスは清朝の武力干渉を強く非難したが、両者ともに直接武力に訴えるようなことはなく、専ら外交交渉で局面を糊塗していた。

ところが、ここに一挙にして、ティベットと中国の関係を覆す重大事件が勃発した。一九一一年の辛亥革命がそれである。この革命が東アジア諸国に与えた影響はまことに甚大であるが、ティベットでも、中国官吏や兵士の排斥運動が起こった。一九一一年十一月には、ティベット内の中国兵士の暴動があり、ティベット人は奮起して中国兵士の撲滅に乗り出した。兵士たちのある者は武器を取り上げられ、あるものはブータンからインドに逃れ、残余のものは山谷に潜んで略奪行為に従事した。

ダライ・ラマのもとには、こうした国内の形勢は微に入り細に亘って報告されていた。さきのクーロンへの蒙塵と同じく、清朝がいかにダライの廃位を宣言しようとも、ティベット人にとって、ダライ・ラマはあくまで絶対であったから、国家の大事は一々彼のもとに報告し、その裁可を仰いでいたのである。かかる紛乱をしばらく観望していたダライは、中国軍の勢威が漸く衰退したのをみて、一九一二年六月、遂に随員とともにラサに帰り、衰残《すいざん》の中国兵を掃蕩《そうとう》した。彼はティベットの独立を宣言し、数ケ月後にはラサ近隣の中国兵を鎮撫《ちんぶ》して、名実ともに国内の中国勢力を一掃した。長い流浪の旅の後に、再びポタラ宮殿に入った彼は、全力をあげて国内態勢の確立に努力した。帰蔵後直ちにウ即ち中央ティベットの各県から四名の代表を召集し、政治・外交・軍事などについての意見を徴したのもその一例である。このようなことは、ティベット史上全く前例のないことで、彼の強烈な政治意欲を示すものである。これによって、彼は充分ティベットの各分野における有力者の見解を綜合することができたのであった。

かかるティベットの躍進に、イギリスが積極的な側面援助を与えたのは、もとより当然である。中華民国が成立すると、大統領袁世凱は、「ティベットは中国本土の各省と同等の地位にたつ。」との声明を発表したが、イギリスは袁世凱に対して、中国のティベット宗主権の否定等の五ケ条の要求を通達した。彼はイギリスの反対を押しきっては、中華民国の承認が実現されないことを恐れ、結局ダライ・ラマの復位、イギリスとの三者会談の開催を承認した。しかもイギリスにとっても、事態は必ずしも楽観を許さなかった。四川省政府軍は再び東部ティベットに蠢動し、ダライ・ラマの帰蔵以後、ドルジェフの再活躍によって、蒙古とティベットは再び接近しようとしていたからである。しかも蒙古は、一九一二年末、ロシアと広汎な軍事的経済的同盟を結んでおり、更に一九一三年一月、蒙古・ティベット間に蒙蔵条約が結ばれ、インド政庁はますます緊張した。こうしてティベットの主権・領土その他についての英・中・西蔵三者会談が、急速に実現の運びとなったのである。

一九一三年十月、インドのシムラで開かれたいわゆるシムラ会談がそれである。この会談はティベット側は古来の文献にもとづいて東ティベットの回復を要求し、中国側はあくまで西康省の直轄を主張したので、両者の主張は容易に妥結しなかった。イギリスは第三者の立場から、中国の宗主権下にある自治邦としてのティベットの解放を主張し、討議は六カ月に亘り、慎重に続けられた。この会談のイギリス全権委員は、インド外務大臣ヘンリー・マクマホン卿（Sir Henry Mcmahon）で、アーチバルド・ローズ（Archibald Rose）とチャールズ・ベル（Charles Bell）両氏はこれを補佐した。ティベット全権委員は首相のシャトラ（謝脱頼拉）、清朝全権委員は陳貽範が派遣された。

一九一四年四月二十七日、三全権委員によって署名された条約は、大要左の如き条項からなっていた。

一、ティベットを「外ティベット」「内ティベット」の二区に分つ。「外ティベット」はウとツァン（第二章参照）を含み、「内ティベット」はアムドとカムからなる。

二、清朝はティベット全土の宗主権をもつが、ティベットを中国の一省とすることは保証されない。

三、イギリスはティベットのいかなる部分も併呑してはならない。

四、「外ティベット」の自治を認める。清朝は自治政治に干渉しないこととし、軍隊の派遣、植民地の建設、後述（六）以外の文武官の駐剳《ちゅうさつ》を差し控える。以上の諸条件はイギリスも同様であるが、貿易事務官とその護衛は駐剳を認める。

五、清朝は「内ティベット」に対し、軍隊を派遣し、または植民地を建設することができる。

六、清朝はラサに駐蔵弁事長官を派遣し、三百名未満の護衛兵を置くことができる。
七、ティベット国内におけるイギリス貿易事務官護衛の兵員数は、ラサ駐在の清朝の護衛兵の四分の三を超えることは許されない。
八、シャンツェ（江孜）のイギリス代表は、シャンツェで解決できぬ事件取り極めのため、ラサを訪問しうる権利を賦与する。

この条約の成立によって、一八九三年および一九〇八年の通商条約が撤廃され、新通商条約が取極められた。またこの機会を利用して、ティベット・東北インド間の国境線取り極めが企てられた。従来、この地域の国境線はすこぶる曖昧で、常に不愉快な越境紛争の焦点となっていた。延々一五〇〇キロメートルにおよぶティベットとの境界線が、どうにか画定された。かくてイギリスにとってはブータンの東からアッサムの北方および東方に沿って、宝庫インドの好適な防衛線が完成されたのである。ブータン、シッキム、ネパール等の諸国は嶮峻な山谷からなり、自然の強力な防衛陣を形成していた。

シムラ会談は以上のように、三国の熱心な協調と慎重な討議により、極めて妥当と認められる結論に到達し、三国代表はそれぞれ調印を完了したが、ここに思いがけぬ事件が起こった。協約調印終了の二日後、中華民国政府は、突然、その代表の行為を否認し、調印を完了する許可を賦与しなかった。

六月六日、イギリスは北京のイギリス公使を通じて、イギリスとティベットとは署名手続の完了によって協約は成立したものとみなすこと、中国側が署名しなくとも、イギリスは単独に署名することを通告した。かくてシムラ会談は結末がはっきりしないまま、イギリス・ティベット両国のみの調印で落着したが、それから二・三週間後には第一次世界大戦が勃発し、ここにティベット問題は多くの疑問符を残しながら、暫く放擲《ほうてき》されることとなったのである。

第一次大戦中、ティベットはインド政府を通じてイギリス製の武器を購入し、ある程度の近代装備をもつようになった。一九一七年、イギリスが欧州の戦局に釘づけされているのをみて、中国側はこの機会に東ティベットを席捲しようとし、ますます侵略の手を加えたが、ティベット軍は一旦退却したものの、忽ち勢いをもり返し、漸次東進して、孟康《マンカム》・察雅《トラヤ》・昌都《チャムド》等を回復した。この戦による両者の損害は全く甚大で、結局イギリスの中国副領事ティチマン（Teichman）の調停で休戦協定が成立した。彼の報告によれば、「当時のティベット軍はなかなか優勢であったらしく、もし戦が長びけば、更に一、二ケ月でティベット軍は数千の中国兵を捕虜にし、ラサの勢力は必ず全ティベットに波及し、打箭炉《ターチエンル》に達したであろう」と述べられている。

一九一九年五月、中国政府は北京のイギリス公使に、シムラ会談で中断した交渉再開を提議した。これは領土の修正案と中国官吏のティベット駐在とを要求したものであったが、ティベット側の不参加のため実現されなかった。その頃、ティベットの国内には、ダライ・ラマとパンチェン・ラマの間に微妙な空気が流れ、遂に両者の対立は爆発して、一九二四年、パンチェンは北京に逃れた。もともと両者の対立は、ヤングハズバンド遠征以来のものであった。中国側ではパンチェンをダライに対抗するものとして手厚い保護を加え、一九三三年、ダライ十三代が歿すると、直ちに彼を帰蔵せしめようとしたが、まもなくパンチェンもまた空しく青海で客死した（一九三七年）。

この頃、すでに中国は日華事変や国共分裂に突入し、イギリスその他の諸国は第二次大戦にまきこまれ、激しい動揺に国力を消耗していたので、この後しばらくは列強もティベットの国内に干渉する余力もなく、ティベットは真空地帯として、動乱の世界から忘れられていた。

第二次大戦が終ると、国民政府は直ちにティベットに自治権を与えることを宣言した。その後、中国には近代的な社会主義国家の建設をめざす中華人民共和国が成立したが、この国は国内態勢の確立とともに、一九五一年、長く放任されていたティベット問題の解決にのりだし、大挙ラサに進軍した。当時すでにインドは独立し、この方面からのイギリスの援助もなく、ティベットは全く孤立していたので、この国は忽ち中共軍に席捲され、ダライ・ラマは南方のヤトンに蒙塵した。

同年五月、ティベット代表は北京において中共政府と和平解放協議を行ない、次の諸協定を取り決めた。

1　ティベットは中華人民共和国に復帰すること。
2　ティベットは人民政府の指導のもとに、民族区域自治を実施すること。
3　現行の行政制度、ダライ・ラマの地位および職権は変更しない。
4　亡命中のパンチェン・ラマの地位・職権を回復し、両ラマの関係は前代の友好関係にもどすこと。
5　ティベット人の宗教・風俗・習慣は尊重され、ラマ寺院は保護される。
6　ティベットの改革はティベット政府が自発的に行ない、中華人民共和国はこれを強制しない。

これらの諸協定は、要するに西欧諸国の勢力がティベットに介入する以前の状態に復帰しようとするものであるが、中国政権の権力が相当強く影響していることは否めない。

この協定成立後、ダライ・ラマ、パンチェン・ラマはそれぞれラサとタシルンポに帰り、ティベットには再び昔日の平穏が訪れたように思われたが、事実は決してしかく簡単ではなかった。人民政府は相当強力であるが、ティベット人は必ずしもこれに全幅の信頼を置いているようには思われない。一九五六年九月、ティベット全土にまき起された大暴動は、ポーランドやハンガリアの暴動とは異なった別個の意義をもつ。それは理想と現実の矛盾にあえぐ社会主義国家建設途上のトラブルのみでなく、問題はティベット人の民族性や末端まで滲透《しんとう》した宗教から齎《もたら》された、より深刻かつ広汎な中共政権への血の反抗と解されよう。

例えば最近、新聞の海外トピック欄に掲載された次の三つのニュースに注目されたい。

（1）　毎日新聞、ニューデリー特電、昭和三十一年十一月二十六日所載

仏陀二五〇〇年祭に出席のため、ティベットのダライ・ラマは二十五日午後三時五十五分、インド政府の特別機で、パンチェン・ラマは一時間遅れて、別の特別機でそれぞれニューデリーのパーラム飛行場に到着し、ネール首相、ラダクリシュナン副大統領、ウー・ヌー・ビルマ前首相をはじめ、外交団、ティベットからの多数の巡礼者たちの大歓迎を受けた。ダライ・ラマ、パンチェン・ラマは、二十六日からの仏教会議に出席する。

なお朝日新聞の記事には、「両ラマのインド訪問には、大きな政治的宗教的要素があるとされている」と附記している。

（2）　読売新聞　カトマンズ（ネパール）特電　昭和三十一年十二月二十日所載

二十日カトマンズに到着したチベット人巡礼の語るところによれば、チベットの中共軍は最近カムチリガワのラマ寺院を爆撃、ラマ僧八十三名が死亡、数百名が負傷したといわれる。これによれば、中共軍はチベットの反抗を鎮定するため多数の地点を爆撃、カムチリガワには爆弾四十発を投下した。

（3）　朝日新聞　カルカッタ発　昭和三十二年一月二十三日所載

ダライ・ラマ帰国の途へ

六週間にわたるインド公式訪問を終え、帰国の途にあるチベットのダライ・ラマは、二十二日カルカッタ発、空路インド北西のカリンボンへ向った。＊同地からシッキムを訪問後、ラサに帰る予定。（ＡＦＰ）

以上三つのニュースを併せ読むと、現在のティベットの状勢が予想外の複雑さをもっていることが、よく判るように思う。

ダライ・ラマとパンチェン・ラマとが、おのおの別の飛行機で、インドに向ったこと。両ラマが不在の時に、中共軍がラマ寺院を爆撃したこと。この二つの事件は、明日の世界に新生の歩みを踏み出そうとするティベットの苦悶の姿であろう。この内、（3）のニュースは、ダライ・ラマの帰国を取り扱ったものであるが、パンチェン・ラマについては何も触れていない。不審に思って、朝日新聞社に問い合わせてみると、この電報の＊印以下は次のようなニュースを省略したものであることが明らかとなった。左に繁を厭わず全文を紹介しよう。

（3）　カルカッタ発　一月二十二日（ＡＦＰ）

ラマ帰国の途へ

六週間にわたるインド公式訪問を終え、帰国の途にあるティベットのダライ・ラマは、二十二日カルカッタ発、空路インド北西のカリンボンへ向った。＊ダライ・ラマはカルカッタに滞在する予定の十日間を、個人的な買物のために二日延期した。ダライ・ラマは恐らくカリンボンから、インド・ティベット間のシッキムを訪れ、そこからは郵便キャラバンによって、ラサに帰還する模様である。パンチェン・ラマは彼を迎えるための中共特派の飛行機によって、次の金曜日にカルカッタを出発の予定である。

ここで迂闊《うかつ》にも新聞が省略したパンチェン・ラマの記事は、実はまことに重要な意義を有するものである。ダライ・ラマとパンチェン・ラマがそれぞれ別の飛行機でインドに赴いたことは、（1）のニュースから明らかであるが、（3）によれば両者は帰途もそれぞれ別行動をとっているのであり、しかもパンチェン・ラマが、中華人民共和国特派の飛行機で帰国するということは、看過できない問題である。

つまり中華人民共和国のティベットに対する政策は、あたかもイギリスのそれに似て、パンチェン・ラマの勢力を巧みに利用して、ダライ・ラマの権力に真向からぶつかろうとしているもののようである。

しかし両ラマ不在の虚につけ込んでラマ寺を爆撃・破壊したり、イギリスの轍を踏んで、パンチェン・ラマと結びつくことによって、ダライ・ラマの勢力に対抗しようとする中華人民共和国の態度は、果たして肯綮《こうけい》に当たると評し得ようか。前に述べたように、ボーグルの遣使がパンチェン・ラマを対象としていたことだけで、いかにイギリスはその後の対ティベット政策に於いて、多くの障害を乗り越えねばならなかったことか。ティベットの最高権力者は、何といってもダライ・ラマであって、中共のかかる政策は歴史の大勢からみれば、まさしく前者の轍を踏むものといわざるを得ない。去る三十二年五月十五日付の毎日新聞が、「チベット駐留軍削減、中共、共産化政策を緩和」という見出しで伝えた次のニュースは、このような矛盾の一面が早くも露呈したものとはいえまいか。

チベットと定期の接触を保っている当地消息筋によると、中共は過去二カ月間にチベット駐留の兵力をかなり削減した。これはチベット側の自由拡大要求が受け入れられたことを意味するようである。中共政府が最近チベットについては「ゆっくり進む」政策をとると言明したことは中共がチベット共産化政策を緩和せざるをえなくなったことを十分証明するものだと伝えられている。どれだけの兵力がチベットから引揚げたかは明らかでないが大部分はチベット東部での大規模な僧院のある地域から引揚げたとみられている。

勿論このような動静は、ティベットの治安回復という客観情勢のしからしむる所という見方もできよう。だが最近頻発したティベット内部の動揺をあわせ考えると、やはり前述のような見方がより公平であるといえよう。ティベット統治の問題は、他の多くの少数民族と同じく、この国の特異性、この民族の基本的性格――とくに宗教との混融性――を、より深く忠実に理解してこそ、はじめて解決の緒口につくことができよう。

しかし世界の文化の進展とともに、この国も従来のように世界の秘境という自然条件によって、世界史の歩みから孤立することはもはや不可能となった。一九五四年十二月に完成した、青海＝ラサ、四川＝ラサ自動車路こそは、世界とティベットを直結するこの国の新しい動脈である。ジープでこのルートを利用すれば、ラサは北京から十余日の距離にある。更に今後、航空機の利用がより自由になれば、従来、ティベットの強味であり、障害であった自然的広大性は、全然その意義を失ってしまうであろう。ティベット人自身も一日も早くかかる世界の大勢に覚醒しなければ、世界の進歩に遅れることはいうまでもない。

原子力時代の到来とともに、我々の物質文明は、有機の世界から無機の世界に突入しつつある。国土のほとんどすべてを山岳に蔽われ、鉱物資源の豊かなティベットの重要性は、科学の進歩とともに、ますます増加してゆくであろう。中華人民共和国が一概に軍事力的制圧を加えるのみでなく、慎重にこの国の動向をみつめているのも、この国の絶大な価値を充分認識しているからである。この秘境にどれだけすばらしい多くの資源がひそんでいるかは、現在のところ全くの未知数である。山また山の重畳たるこの未開地域が、世界の垂涎《すいぜん》の地となるのも遠い将来ではあるまい。ティベットの近代的意義は、まことに重大であるといわねばならない。

なお、財団法人西蔵大蔵経研究会が刊行した西蔵大蔵経の覆刻版は、中共から多数の註文をうけた。そして去る三十二年八月来朝した中国仏教会副会長の趙撲初氏は、この西蔵大蔵経覆刻版の中の数組が、ティベットに送られていることを明らかにした。中共のティベットに対する政策が感ぜられるようである。

また三十二年十一月二十三日の朝日新聞は、「ラサに近代的病院」と題して次のようなANSの電報をのせている。

二十日ラサ人民病院の落成式が挙行されたが、これは三階建てで、建築面積四千八百平方メートル、同時に千五百人を治療できる近代的な病院である。

ティベットの近代化が歩一歩ずつ進んでいることが想像されるニュースである。

なおその後、われわれはティベットに関するニュースを聞かないこと半年以上におよんだ。これはニュースが入っても、報道機関が取りあげなかったのか、あるいはこの半年間ティベットに関するニュースが入らなかったのか。またあるいはわれわれがこれを見落したのか。いずれにしても、本書の校正が正に終ろうとするに当り、次の三つの電報が入ったので、ここに収録して参考に供する。

「チベットに最高人民法院分院」　朝日新聞昭和三十三**年六月七日朝刊**

中国全国人民代表大会常務委員会は五日の第九十七回会議で、チベットに最高人民法院分院と最高人民検察院分院を設立する決議を可決し、恵毅然氏（中共チベット工作委員会農村工作部長）を最高人民法院チベット分院院長に、智沢民氏（チベット自治区準備委員会公安処処長）を最高人民検察院チベット分院検察長に任命した。

「チベットでラマと中共軍衝突？」　朝日新聞七月十四日朝刊

西ベンガルのカリンポンから十二日伝えられたところによると、カリンポンに着いたネパール商人は、チベットのラマ僧たちがカムにある僧院の財産を奪った中共軍と衝突したと伝えた。（AFP）

「チベットに反乱――六万五千人死亡説」　朝日新聞八月一日朝刊

〔ロンドン三十一日発＝ロイター〕三十一日付の英紙デーリー・テレグラフはその一面にダージリン（インド北部）電としてチベットで起こった中国人とチベット人の衝突事件の詳細を報じている。同紙によると東チベットで起こったチベット人の反乱で、中国人五万、チベット人一万五千が死んだ。チベットにおける反乱はここ数カ月来激化しており、北は新彊、西はインド国境方面にまで拡がっている。反乱による死者は、一日三百人の割で増大していると推定される。

この数は正確とはいえないが、いずれにせよ反乱の規模の大きさを伝えた一断面図であることには間違いないとみられる。この情報の提供者は最近まで戦闘に加わっていたチベット人の反乱指導者達だというが、彼らは目下インドの援助を要請しているといわれる。

また、本書校正中、東独より近刊の Gunther Schulemann: Geschichte der Dalai-Lama. Leipzig, 1958 を入手した。この書は名著の聞え高き同著者の Die Geschichte des Dalai-Lamas. 1911 の増補改訂板で、半世紀に亘る著者の研鑽が実を結んだ本文十一章、総頁五一九頁の鬱然《うつぜん》たる労作である。本書の如きもこの書により大いに補訂を要するが、何分にも既に校了の一歩手前にあるので、すべては後日を期すこととする。

（一九五八年八月一日追記）

附録一　ティベット対外条約集

一、唐蕃会盟碑

唐蕃会盟碑はラサ市ジョカン寺前の石柱に刻まれている。ジョカン寺は西面しており、従って碑も西側（W）が正面で、ここに漢蕃両文が刻まれ、東面（E・裏面）は全面が蕃文、北面（N）はティベット側官吏、南面（S）には唐側の官吏の名が刻まれている。この碑を最初に実地踏査したWaddellによれば、高さは約十一フィート三インチ、幅三十一インチ半、Bellによれば高さ約十四フィートのつぎ目なしの石柱であるという。この碑文の重要性は夙《つと》に学界の注目する所で、Bushell, Waddell, 内藤湖南、寺本婉雅諸氏を初め、多くの学者によって研究されたが、ここには最も信頼するに足る佐藤長氏の訳文を、特に同氏の許諾を得たので転載させて頂く。（「唐蕃会盟碑の研究」東洋史研究一〇―四所収）尚唐蕃会盟碑と共に、附録二「ポタラ碑文」等については、最近イギリスのRichardsonにより精細な現地研究が発表された。（Richardson, H. E.: Ancient Historical Edicts at Lhasa and the Mutsung khri gtsug lde brtsan Treaty of A. D. 821 ~ 822 from the Inscription at Lhasa. Lond., 1952.）

唐蕃会盟碑訳文（佐藤長氏の訳による。但し文中支那の二字は中国と改めた。数字は碑文の行数を示す。東洋史研究一〇―四所収）

〔W表蕃文和訳〕

1西蔵の大王2化現せる神賛普と3中国の大王中国君主皇帝と4甥舅二者は国家を5一（の如くに）せん事を語らいて6大和会をなし同盟す7（その）決してまた変らざる事を8神人すべて……しらして証《あかし》なし9世々……に語ら10れて……11の要を碑に〔記すなり。〕12化現せる〔神賛普チック〕13デツェンの……14文武孝徳〔皇帝〕……15甥舅二者……16は……の17如何なる善悪……大《おおい》なる憐愍《あわれみ》18によりて恩恵をもちて覆う事19は外内（の区別）なく、人々すべて安《やす》20泰《らか》にせられる事につきて思は一なり。21永遠《とこしえ》に善なる大義22につきて商議は一致せり……23……願は……大……24喜びの……重ぬる事を25語らいて大和会は26なされたり。西蔵中国二者は、現在に27於いて支配せる域と境を守り28て、その東方一切は29大中国の域、西方30一切は正に大西蔵の31域にして、それより相互に敵として32諍《いさか》う事なく、戦をなさず、境域を33犯さず、心に信じ得ざるの事どもあら34ば、人を捉えて事を訊ぬるとも〔訖《おえ》れば〕35放ちて後に給与すべし。36今国家一（の如く）なりて37大和会を斯の如くなせり。よって38甥舅は喜びの勅信を39おこしてまた安泰《やすらか》にあるべし。40相互の使者の往来もまた道は41遠くあれば以前の習慣《しきたり》の如く42西蔵中国二国の間、将軍43谷に於いて馬を交換し、綏戎柵にて44中国と接する下つ方は中国によりて供応45せらるべく、清水県にて西蔵と接する46上つ方は西蔵によりて供応せらるべし。（そは）47甥舅の近しくし親しむ習慣《しきたり》の如く48に、敬仕と尊敬の礼49なるものに合致すべし。二国の50間には煙塵は現われず、突如と51して憎悪と寇讐《こうしゅう》の名も聞くことはなからん。52国境を守る上つ方の人53もまた疑懼《ぎく》し恐怖することなくして54場所場所に於ける防備《そなえ》を撤して安55楽に住し、幸福の恩恵《めぐみ》56はまことに万代にまで至り、讃嘆の57声は日月に到達して（それら）各々58を覆うならん。西蔵は西蔵国に於いて安けく、59中国は中国国に於いて安けくなす。（それらの）大《おおい》なる政事を60結びて一となし、61この決して変りなからん事62三宝と聖なる人々と63日月と星辰とにも証せん事を64請う。誓《うけい》せる人々もまた65述べ、犠牲《いけにえ》を殺して誓約をまた66なして同盟は締結せられたり。67同盟は斯の如くに議定せられ68置かれたれば、西蔵中国二国のいずれが先に罪69を犯し報復として如何なる謀計をなさるるとも70同盟を破棄せし事にはならざるなり。71斯の如くに西蔵中国二国の君主大臣は……72……告白し誓《うけい》をなせり。同盟73の文字を詳《つまび》らかに記して大王74二人の印璽は捺《お》され大臣の75同盟締結に関係せる人々76の手ずからの署名は書かれたり。同盟の77文字……。

〔E表和訳〕

1化現せる神賛普チックデッツェンと中国君主文武孝2徳皇帝二者は、国家の一（の如く）ならん事を語らいて和会をなせる3……二者の如何なる状態なりしかと云う事と、和会をなせる4……碑に記せるなり。

5化現せる神賛普オデブギエは国の起りし土地に等しく一致する程6……西蔵の大王となしまたすべてに於いて7……中央大河の源頭国高く……8……守護の神より人の王へと生まれかわりて学問9……の国を建設し善き法律もて10……慈愛深き恩恵を国内の浄からざるものに付与し11……国外の敵は征服し国家は後に土地大となれり12……は再び土地を討ち従え……変ぜず……13……のユンドウンの大王……その為に、南方14のモン・印度と、西方……と北方のルツグとは15招く事に執念せり。……王デ……16化現せる神賛普……ツェンポと……17方挨拶せざるはなし。相互に喜びて……18聞きたり……東方は中国なり、大湖の……19東なる地方の王なり。南はネパール其他と……20善法・学問を盛んになし、西蔵ともまた戦の友……21の……第一代中国君主李の王位に即きて後、大唐の国二十22三年過ぎゆき、一の王統のもとにせん為、化現せる神賛普23チソンツェンと中国君主太宗文武神皇帝二者は国24家を一（の如く）になす事を語らいて、貞観の年に文成公主を25賛普の宮居に迎えたり。後化現せる神賛普チツクデ26ツェンと中国君主三郎開元聖文神武皇帝二者は27国家を（一の如く）になす事を語らいて、姻戚関係を重ねて、景龍の年に28金城公主を賛普の宮居に迎え、甥舅となり29て歓喜せり。後中つ頃に若干の相互の守成の臣によりて迫害30等愚かなる事なされたるも、親しき交りはすべてに於いてなされ、結び付きは大なりしより31……多くの兵を以て利益を得んとしたる事と相互に32……被害の生ぜし事極まりたれば、交歓等の事また間もなく考えられたり。33斯の如くに近しくし親しむ（情）ありたれば甥舅の習慣にぞ従いて34心に誓を定むる事となり。賛普国父神の化現チデソンツェンの35仰すらく、ガムキエチンボは教政いずれにも熟達し明けく36慈愛深き恩恵は、外内（の区別なく）八方を掩《おお》いてあり。37……四王すべてともまた会合し商議をなせるに、中国の如き38等は姻戚関係を重ねたるもの、国家は大なるにより、甚だ国家の39同盟を喜ぶと。相互に甥舅は思いは一致せるによりて、中国君主聖40神文武皇帝と和会せん事を語らいたり。古き憎悪は41消し去り取り除き、明き喜びを再びし採り返してその……42……賛普甥は一生の間、中国君主舅は三代の43間、憎悪の執着を生ずる事なく、歓ばしき敬仕は互いに44絶やさず、使者を愛する事により、勅信をおこしまた45善き富をもて永く治むる事、和会の大重点（たりしが）結46盟の如きはまた成立せざりき。甥舅合議せる後またすべて……47悲しみもて苦しみ、中つ頃の古き親しみは些少なるものとなり48疑懼《ぎく》猜疑《さいぎ》により大善の意義は後には甚だ動揺せるものとなり49たるにより、武器と強兵等とをもて征服せず和睦をなすを50適当とし、寇讐《こうしゅう》は親和の風に変えてなお来り近しくし親しむ事につき51化現せる神賛普チツクデツェンの仰すらく、知識は52化現者の慣例を守り、行為は神の仕方に一致して、53大なる恩恵もて、外内二方に平等になすべしとウモツェンは勅命を54うけがえり。中国君主文武孝徳皇帝と甥舅二者たる事につきて55化現者の思いは一致せり。……の国家は一つなり。56西蔵中国二国は中外の地を守る事につきての大和会をなし57中国に於いては京師の西方シャクサンシのほとりにて、大西蔵58の年号は彝泰七年、大中国の年号は59長慶初年辛丑の年の冬の初月十日に60壇場を設けて、中国によりて同盟は認承せられたり。西蔵61国にては、ラサの宮殿の東方ラトエ園にて、大西蔵の62年号は彝泰八年、大中国の年号は長慶63二年壬寅の年の夏の中月の六日に、壇64場を設けて、西蔵によりて同盟は認承せられたり。同盟の65要領を碑に記せるはこれ即ち、大西蔵の年号は彝泰66九年、大中国の年号は長慶三年癸卯67の年……中の月十四日に、碑に文字を記したり。68碑を臨検せるは即ち、中国の使者団……69……ある者杜載と……ある者70……なせり。同盟の規定を碑に書き……71……。

〔W表漢文〕

大唐文武孝徳皇帝（帝下、姚氏論文有与） 大蕃聖神賛普 舅甥二主商議、社稷如一、結立大和盟約、永無渝（渝、同上作渝）替、神人倶以証知、世世代代、使其称讃、是以盟文節目、題之於碑也（以上第一行）

文武孝徳皇帝、与□□□□□□□□（与以下九字、同上作与聖神賛普黎足徳）賛陛下、二聖舅甥、濬哲鴻被、暁今永之屯、亨矜愍之情、息覆其無内外、商議叶同、務令万姓安泰、所思如一、成久遠大善、再続慈親之情、重申隣好之義、為此大和矣、今（以上第二行）蕃漢二国、所守現（現、同上作見）管本界、□□已東（東下同上、有悉為）、大唐国界（界、同上作境）已西尽是大蕃境土、彼此不為寇敵、不挙兵革、不相侵謀封境、或有猜阻、捉生問事訖、給以衣服放帰、今社稷叶同如一、為此大和、然 舅甥相好之義、善□（善下一字、同上作誼）（以上第三行）毎須通伝、彼此駅騎、一□□□□□□□（一以下八字、同上作一往一来悉遵曩昔旧路）、蕃漢並於将軍谷交馬、其綏戎柵已東、大唐祇応、清水県已西、大蕃供応、須合 舅甥親近之礼、使其両界煙塵不揚、罔聞寇盗之名、復無驚恐之患、封人撤備、郷土倶（以上第四行）安、如斯楽業之□□□□□□□□□□（之以下十一字、同上作恩垂於万代称美之声）、遍於日月所照矣、蕃於蕃国受安、漢亦漢国受楽、茲乃合其大業耳、依此盟誓、永久不得移易、然三宝及諸賢聖、日月星辰、請為知証、如此盟約、各自契陳、刑牲為盟、設此大（以上第五行）約、儻不依此誓、蕃漢（漢下、同上有君臣）□□□□□□□□禍也、仍須讎□及為陰謀者、不在破盟之限、　蕃漢君臣、並稽告立誓周細為文、　二君之験証以官印、登壇之臣、親署姓名、互（互、同上作手）執、如斯誓文、載（載、同上作蔵）於主府焉（以上第六行）

〔N表漢文〕（以下内藤湖南研幾小録三四〇―三四二頁による。・印は原欠部分を内藤博士が推考して挿入した字句。）

大蕃宰相等和好登檀立盟官僚名位

大審宰相同平章事名位

□□政同平章事沙□□□□□□□□　□□□□天下兵馬都元帥同

平章事尚綺心児　□□□□□同平章事□□□□□□　天下

兵馬副元帥同平章事□□□□　□□□□□□□□□□

宰相同平章事論結賛世熱　宰相同平章事尚綺立賛窟寧悉当

宰相同平章事尚綺立熱貪通　宰相同平章事論類蔵弩悉恭

大蕃諸寮宷登壇者名位

曩論琛尚類熱窟寧賛　玭論伽羅篤波属盧論賛熱土公　悉南

玭波琛尙旦熱悉諾匝　　岸奔榼蘇戸属勃羅末論矩立蔵名摩

給事中勃□伽論悉諾熱合乾　　資悉波折逋額論悉□昔幹窟
玭論設□尙□□□蔵他□賛　　刑部尙書□論結□□賛

〔S表漢文〕
大唐宰相等和好登檀立盟官寮名位
大唐宰相同平章事名位
正議大夫門下侍郎□□　　朝散大夫中書侍郎同平章事崔植
太中大夫中書侍郎同平章事王播　　中大夫尙書戸部侍郎同平章事杜
元頴　　正議大夫兵部尙書蕭俛
大唐諸寮宷登壇者名位
金紫光禄大夫尙書左僕射韓皐　　朝議郎御史中丞牛僧孺　　太
中大夫尙書右僕射兼吏部尙書李絳　　銀青光禄大夫戸部尙書楊於陵
　　通議大夫礼部尙書韋綬　　金紫光禄大夫尙書左僕射兼太常
卿趙宗儒　　太中大夫礼部尙書兼司農卿裴武　　正議大夫京兆
尹兼御史大夫柳公綽　　銀青光禄大夫工部尙書兼右金吾衛将軍郭

鏦　□□大夫大理卿兼御史大夫劉元鼎　□□郎兵部郎中兼
御史中丞劉師老　□□郎守尚舍奉御□□大将軍兼監察御史驍騎尉
李武　朝散郎□京兆府奉先県丞兼監察御史李公度

二、ポタラ碑文

——西紀七六三年ティベットの中国西部侵略記念碑——

ポタラ宮下石柱の両面に刻せられたもの。方柱で高さ約二十三メートル、三層の石壇の上に立っている。本碑文は Richardson の前掲書によるべきであるが、しばらく Charles Bell の翻訳によることとし、完訳は他日を期す。

チデ＝ツクツェン王（天徳泥簪 Ti-de Tsuk-tsen）の御代、ゲンラム＝ルコン（根蘭洛公 Ngen lam Lu-kong）は、王の寵を得て宰相となった。バルドンツァプ（巴耳唐沢勃 Bal-dong-tsap）とランミ・ジック（蘭米□斉克 Lang-ms Zik）とは共に重臣であったが、父王チデ＝ツクツェン王に疎んぜられたので、王を弑《しい》し、ために王は薨《こう》ぜられた。一味は王の御子チソン＝デツェンをも暗殺しようとし、黒帽のティベット王国には混乱がまき起こった。ルコンはバル・ランの二人を離間する策を、チソン＝デツェン王に献じた。バル・ラン達の不和は明らかにされて二人は譴責《けんせき》され、ルコンは王の信任を得た。

チソン＝デッェン王時代、ゲンラム＝ルコンは王の信任を受け、顧問として重用され、王の憶えめでたく内大臣に任ぜられた。ルコンは中国（唐朝）王朝との事件を処理し、調査した。彼は（ティベット）軍の将に命令を発し、始めてカルツェン（廓簪 Kar-tsen）地方に進出させた。彼は軍事に明るく、次第に前進して、中国本土のハシャ（黒沙 Ha-sha）を征服した。中国にとって有用であったこれらの地方は……中国は恐怖におののいた。ヤルモタン（亜母潭 Yar-mo-tang）……中国の……チョンカ（荘克 Chong ka）の方へ……ルコン……敵……大王国……大顧問に建議した。……友好的なので、官吏は……王国……困難に堪えたのである。

叡知深く統治に専念するチソン＝デッェン王のティベット王国のための治政は、悉くティベットの利となり、中国の各地に侵入して、多くの地方や砦を支配下においた。唐皇帝粛宗（ヒー＝フー＝ヒク＝ワング＝テ He Hu Hik Wang Te）と閣僚は驚愕し、絹五万匹の永代年貢を提案し、これを入貢することとなった。まもなく粛宗老帝はみまかり、皇子広平王（Kwang Peng Wang）が唐の皇帝となった。帝はティベットへの入貢を不当と認めたので、ティベット王の心は穏やかでなかった。時あたかもラサ政府の首席であったゲンラム＝ルコンは、中国の心臓部である京師（長安）の唐の王宮に侵入しようとした。

ザァン・チム・ジャル・ジャル・ジック・シュ・テン（簪軽嘉嘉斉克丁 Zhang Chin Gyal Gyal Zik Shu Tend）とタドゥラ・ルコン（特居勒洛公 Ta-dra Lu-kong）大臣の二総司令官は、京師に軍を進めんことを命ぜられ、チフ＝チル（涇州 ? Chi-hu-Chir）附近の河岸で、唐軍と大会戦を行い、これを潰走せしめた。多数の唐兵が殺戮され、皇帝広平王も京師の城砦から陜西（Shem Chi-hu）へ逃れ、京師は（ティベット軍に）占軍された。

内大臣ジェフ（稽学 Gye-hu）……ケン（京? Keng）……生命。ティベット王の……トンクワン（湊開 Tong-Kwan）およびポカン（波干 Po Kan）……ティベット……。……に献身して……ケム・シン・コン・チョ（金城公主 Kem Shing kong Cho）の名……大臣……大王・小王……遂に王国……有名になった。ルコンは王の信任あり、……種々の苦難に堪えた。

三、廓《グ》爾《ル》喀《カ》戦勝記念碑　西暦一七九一年
布《ポ》達《タ》拉《ラ》宮下石碑　（王の親蹟）

碑を樹て功を記する事は前後十回におよんだ。

今や廓《グ》爾《ル》喀《カ》の帰服を見たので、王師は撤退し、ここにこの光輝ある第十次の偉業完成を碑に刻んだのである。この事たる名のみ高くとも、未だ充分には表揚《ひようよう》せられてはいないのである。それ故、今、文字に宣し碑に勒し、以て人心の勧めに役立てんとするのである。

朕かつて薬克《ユークル》（Yu-kur）の麗筆に心惹かれた記憶がある。斉薬克《チエワクル》（Che-u-kur）の記する所によると、仁恭に富める駐蔵大臣を始め、万能の国王が行いの数々を、称えているという。劉《リウ》葉《ア》薬《ウ》（Lu A-u）の一章には委曲《いきよく》を尽し、心安らかなれば、思う所を行って倶《とも》に功を納めると

説いている。しかしながら、この教訓を遵守するものは、必ず「上天の保護者」(1)に嘉《よ》みされて、その賞を賜《たま》わるのである。この方針に則り、朕既に十戦十勝の大功を羸《かち》えたのであるから、宜しくこの碑に刻み伝えるべきである。

(1) 即ち中国皇帝

その十回の功績は左の如くである。

準噶爾(Chung Kar)(2)に勝つ事二回

(2) 明らかに、オイラート蒙古人

回子(Hu-i Se)に捷《か》つこと一回

攅拉《ツアラ》(Tsa-la)促寖《チユチエン》(Chu-chen)に二勝

台湾に一捷

緬甸(Mi-han-tan)安南(An-nan)に二勝

今、朕は廓爾喀《グルカ》軍に見《まみ》ゆる二回、大いにこれを破ったので、遂に廓爾喀は屈服を申し出た。これを以て戦捷《せんしよう》十回の記録が打ちたてられたのである。この他、国内戦に三捷した事があるが、比較的重要ではない。

さて廓爾喀の降伏は、陰の地鳥(1)(己酉《ツチノトトリ》)の年であった。これより先、廓爾喀兵は、衛《ユー》・蔵《ツアン》両省(2)に入寇略奪をほしいままにしたけれど、鄂輝《アウフイ》（A-u Hu-i）勇敢ならず、巴忠《パチユン》また専心これに当らず、急遽解決に力めたので、従って廓爾喀兵は横行して憚《はばか》る所がなかった。

（1）　西蔵暦は、五行と十二支とを組み合わせる。各行を次の如く雌雄の性即ち陰陽に分ち、

一九二四年　　陽の木の鼠の年（甲子《キノエネ》）
一九二五年　　陰の木の牛の年（乙丑《キノトウシ》）
一九二六年　　陽の火の虎の年（丙寅《ヒノエトラ》）
一九二七年　　陰の火の兎の年（丁卯《ヒノトウ》）

十年目（陰の水の鳥の年（癸酉《ミズノトトリ》）で一巡し、もとに立ち還る。従って十一年目は、陽の木の犬の年（甲戌《キノエイヌ》）であり、十二年目は陰の木の豕の年（乙亥《キノトイ》）である。六十年で干支はいずれも同時に終了し、十二支は五巡、十干は六巡する勘定になる。これに於いてまた陽の木の鼠の年（甲子）より始めて右の通りに繰るのである。

（アジア内陸叢刊2、ユック著川上芳信氏訳、韃靼・西蔵・支那旅行記下巻、三二〇―八頁参照【訳者註】）

（2）　西蔵中部の重要な二省で、拉薩《ラサ》は衛《ユー》省に、日喀則《シガツエ》は蔵《ツアン》省にある。

今年もまた昨年の劫掠《ごうりやく》の味を忘れ得ず、来襲して来たのである。ここに於いて奸悪な大臣は罷免に会い、有名な忠臣の派遣となった。大規模に糧秣《りようまつ》・給与の整備に当ったのはこの新任者であった。福康安(1)（Fu-Kang）は朕が恩を深く感じ、疲労・恐怖を顧みなかった。

昨冬、ソロンおよび四川の増遣部隊は、続々と西寧街道に沿うて急派され、今年五月に入

り、この盗賊[2]の国に到着した。やがてこの増遣部隊の到着を待って、衛《ユー》・蔵《ツアン》両省を奪回、進んで、賊地を占領したのである。進軍の容易でない峻嶺も、平地を行くように逾《こ》え、波の荒い河も、両岸のさし迫った峡流も、小渓を渉《わた》るに等しかった。山頂に至るかとすれば、また下って追撃にうつり、要地の攻略も数知れず、峡道を奪取する事も少なくなかった。四肢の負傷にも屈せず、勇躍前進し、七戦七勝、賊軍の胆を奪ったのである。

（1）西蔵ジャロン（甲朗）省上部地方の一地域で、一八六三年支那領に合併された。それ故廓爾喀《グルカ》軍を征服したこの軍隊中に、西蔵軍の居た事は明らかである。
また、多林塞披《ドリンシャッペ》（Do-ring Shap-pe）約記塞披《ユートシャッペ》（Yu-ts Shap-pe）張洛陳戴瑧《チャンロチェンデプン》【陸軍大佐】（Chang-lo-chen De-pon）を始めとして、数名の西蔵将校が参加していたらしい。
（2）即ち、廓爾喀人を指す。

その後、我が軍の陽布《ヤムブ》[3]（Yam-bu）に逼《せま》るにおよんで、賊軍は首領を遣り、和を請い、恭順の意を表して、命を奉ずるの旨を申し出た。かくて大元帥の麾下《きか》に属したものの、朕が陣営の出入は許されなかった。

これは、昨年、天資泊爾卓《テンジンパルジョル》[4]（Ten-dzin pal-jor）とその一行を、詐《いつわ》りを以て捕えたという理由によるものであった。それ故、堅く禁じてあったのである。
（3）即ちネパールの首都カトマンズである。

（4）　多林塞拔《ドリンシャツペ》である。中国側は、約託塞披《ユトシャツペ》と張洛陳徳棚《チャンロチエンデペン》を同行せしめて、廓爾喀へ平和使節として派遣した所、廓爾喀は一行を捕えて、ネパールに送ったといわれている。

有力なる官軍の偉大なる英武を以てすれば、さすがの賊軍も抵抗する力がなかった。もとより、賊軍を駆逐、戮殺して、一兵も遁《のが》さぬ事は出来たであろう。しかしながら、これは「上天の保護者」（中国皇帝）の願われる所ではなかった。よし、この地方が悉く版図に入る事を得たとしても衛・蔵両省境を距《へだ》たる千マイルの地域であるから、皇化に浴せしめ、その堵に安ぜしめる事は容易なわざではなかったであろう。尋常質朴の民は、一物を得ても、能く保ちつづけて有終の美を済す事はないものである。(1) それ故、命を下し、恭順を認め、撤兵を断行しここに大功の完成(2)を見たのである。

（1）　即ち、「ネパールの西蔵に併合せらるるも、西蔵人はこれを保持し能わざるべし」
（2）　欧洲の史家は、中国人の説を採り、廓爾喀兵を一八、〇〇〇、中国軍を七〇、〇〇〇と推定し、西蔵人は麻爾喀兵を約四、〇〇〇、中国軍を約九、〇〇〇と見、その中の半数、またはそれ以上を西蔵兵としている。

嘗て桑則簪《サンサイツン》王の御代、チリ(1)（赤瞼 Chi-li）と相会し議を練った事がある。廓爾喀屈服して、既に権力を失った事が明らかとなったので、廓爾喀が（中国と）常に友好関係を保持するものと、チリもほざいい(2)たのである。今チリを以て例とするのは、必ずしも当を得たものではない。(3)

衛・蔵両地方は中国を距たる近からず、廓爾喀人また死を怖れたため、恭順を誓い、降伏せざるを得なかった。しかし平和を希《ねが》うあまり、軍門に佯《いつわ》り降ったのみでは、充分ではない。今や我軍は大捷し、賊軍の心服表明もこれを疑う事なく容認する。一切の事務は桑格《サングル》（Thang-gur）の則簪《サイツン》王の議する三点に照して処置されたのである。

（1）明らかに英国人である。欧州出身の外人を西蔵語では"Chi-ling"という。

（2）非敬称の「ほざいた」という語は、庶民に用いられる言葉であるが、ここでは、チリの代表者に対する軽蔑を示すために、用いられている。

（3）インド征服後、自ら領土保全に当った場合にあっては、当を得たものではないらしいのである。

その昔、土噶《トルゲ》[4]（Tor-go）の我国を畏怖し、我国に帰順するに至った理由を記さずとも可《よ》いのである。帰従するに至った顚末《てんまつ》は已《すで》にこれを述べ尽した。今や廓爾喀《グルカ》人はその過誤を認め、生命の全からん事を求めて我国に畏服している。我国に忠誠、随順を誓い、倶《とも》に全く悖《もと》る所がない。欠点は廓爾喀人にあり、その非を自ら認めたのである。事態は右の如くであった。

（4）中国人に征服された蒙古族

これによってこれを見れば、衛《ユー》国人民は軍事の研究を放擲《ほうてき》して、ただ文学に没頭するという事が了解される。かくて孱弱《せんじゃく》の体質となったのは、誠に好ましからざる次第である。一国民の、軍事を放棄して、ひたすら文弱に流れるならば、必ずや従前の地位を確保し得ざるに至るのである。この事は肝に銘じておかなくてはならない。

処世応対[1]の態度に至っては「惑星と恒星」なる一書にこれを説く事甚だ明瞭である。今日もまたよくこれを理解し、これを忘れてはならない。[2]一朝有事の際には、再三再四これを思うべきであり、必ず裨益《ひえき》する所ある筈である。

（1）　即ち人類行為の規範。

（2）　事実西蔵人は、ほんの二三の例外以外、この碑が廓爾喀《グルカ》防衛の戦に関係しているという事さえ知らないのである。ただ、昔駐蔵大臣が建立したという事のみしか知らないのである。

五十七年に亘る戦争の経験をもととして、この十回の聖業は完成をみたのである。皆これ「上天の保護者」の賜物である。この故に「上天の保護者」の仁慈は極めて深く、朕もまたこれを信ずるものである。廓爾喀人は、暴力に訴えて、大体事を運びうると思考したが、今日の結果である。願わくは、「上天の保護者」の御恵のなお存して、完全公正の人間に化する事が望ましい。この他には、別段云うべき事とてもない。

天運五十七年即ち陰の水の鼠の年（癸子《ミズノトネ》）孟冬上浣[3]の日　王誌す

（3）　即ち月の前半

四、「ネパール」西蔵条約　一八五六年
(西蔵語本文の翻訳)

廓爾喀および西蔵政府の左記僧俗貴揩《きしん》は会議の上相互に意見の一致を見、十箇条より成る条約を締結し神明に誓い、以て本条約に調印せり。両国政府は記載せられたる所に従い、従前の如く清国皇帝陛下を尊仰し、両国共に協約国の関係を保持し兄弟の如く相遇することを協定せり。本条約に違犯する国はそのいずれたるを問わず、八百万の神その国の強盛を許し給わざるべし。締約国の一方が本条約の条項に違犯したる場合、他の締約国はこれに対し戦を宣するに当り凡ゆる罪を免がるべし。（これに続き締盟国の署名調印あり）

条約条項

第一条

西蔵政府は年額一万「ルピー」の幣帛《へいはく》を廓爾喀《グルカ》政府に支払うべし。

第二条

廓爾喀および西蔵は均しく大帝を尊敬し来れり。西蔵は寺院僧尼の宗教に専心する国なれば第三国にしてこれを攻撃することあらば廓爾喀政府は自今《じこん》西蔵に能う限りの援助保護を与うることを協定せり。

第三条

自今西蔵は廓爾喀政府の商人またはこれ以外の臣民に関税・通行税および如何なる他の種類の税金をも課さざるべし。

第四条

西蔵政府は西蔵の俘虜《ふりょ》としたる「シーク」兵を始め、戦時捕獲せる廓爾喀兵、官吏、使用人、婦女、大砲等悉くを廓爾喀政府に返還する事に意見の一致を見、廓爾喀政府は西蔵軍、武器、犛牛《りぎゅう》および吉朗《キイロン》、里蘭《ニャナン》、荘格《ツオンガ》、勃攬《ヅラン》、郎沙《ロンシャル》に居住する西蔵臣民の後方に遺したる如何なる物件をも返還する事を協定す。而してこの条約締結の上は勃攬《ブラン》、郎沙《ロンシャル》、吉朗《キイロン》、荘格《ツオンガ》、里蘭《ニャナン》、塔林《ターリン》および拉斉《ラツェ》の全廓爾喀軍は撤兵し国土は明け渡さざるべし。

第五条

自今廓爾喀政府は拉薩《ラサ》保護の為め高級官吏にして「ネワル」族にあらざるもの一名を駐《とど》むべし。

第六条

廓爾喀政府は拉薩に店舗を開き自由に宝玉、宝石、衣服、食料品および各種の物件を販売する事を得。

第七条

廓爾喀官憲は拉薩臣民および商人間の紛争より生ずる如何なる事件をも審問する事を許されず、西蔵政府は廓爾喀臣民および商人並びに拉薩管下に居住することあるべき「カトマンズ」

の回教徒間の紛争より生ずる如何なる事件をも審問する事を許されず、西蔵および廓爾喀臣民間に紛争の生ずる場合は両国政府の高級官吏同席の上連帯にて事件を処理すべし。西蔵臣民に課せられたる罰金は西蔵官吏これを没収し、廓爾喀臣民、商人および回教徒に課せられたる罰金は、廓爾喀官憲の手に帰すべし。

第八条

廓爾喀臣民にして殺人罪を犯したる後西蔵国内に逃亡するものある時は、西蔵は犯人を廓爾喀に引き渡すべく西蔵臣民にして、殺人罪を犯したる後廓爾喀国内に逃亡するものある時は、犯人を廓爾喀側は西蔵に引き渡すの処置を採るべし。

第九条

廓爾喀《グルカ》商人または他の臣民の財産が西蔵臣民に略奪せらるる場合、西蔵官憲は調査の上その所有者への該財産の返還を強制すべし。略奪者が該財産を返還し能わざる場合、西蔵官憲は猶予期間内に該財産を略奪者が速やかに調達すべき契約書を起草するよう強要すべし。西蔵商人または他の臣民の財産の廓爾喀臣民に略奪せらるる場合、廓爾喀官憲は調査の上その所有者への該財産の返還を強制すべし。略奪者が該財産を返還し能わざる場合、廓爾喀官憲は猶予期間内に該財産を略奪者が速やかに調達すべき契約書を起草するよう強要すべし。

第十条

本条約締結後はいずれの政府も最近の戦争中西蔵臣民にして廓爾喀政府を幇助《ほうじょ》せしことあるべき西蔵臣民の身体および財産、または廓爾喀臣民にして西蔵政府を幇助せしことあるべき廓爾喀臣民の身体および財産に復讐(1)を加えざるべし。

火龍(2)の年第二月十八日附

（1）字義通り「に対して立腹する」

（2）西紀一八五六年

五、芝罘《チーフー》協定

一八七六年九月十三日芝罘に於いて署名

一八八六年五月ロンドンに於いて批准交換

英国女皇陛下の清国朝廷に於ける特命全権公使「サー・トーマス・ウェード」と清国皇帝陛下の全権委員文華殿大学士粛毅伯、直隷総督李鴻章との間に商議せる協定。

右両全権委員の商議は本年春外交大臣伯爵「ダービー」より「サー・トーマス・ウェード」に宛てたる一八七六年一月一日附公信にその端緒を開きたるものにして該公信には左の三問題の処理に関する訓令を含めり。即ち（第一）雲南事件の満足なる解決、（第二）両政府大官の交際に関する昨年の契約の忠実なる履行、(第三)通商条約の改正問題に関し一八七五年九月(光緒元年八月)に到達せる了解すべき画一的制度の採用これなり。「サー・トーマス・ウェード」が本問題に関する総理衙門との商議に於いて引用せしは該公信なるもこれをここに更に引用することは不要として省略せり。「サー・トーマス・ウェード」および李大臣の間に協定せる条件は左の如し。

(本文は全部これを省略す)

特別条項

女皇の政府は明年北京路より甘粛および青海を経由し、または四川路より西蔵に入り、同地より更にインドに至る探検使を派遣するの計画を有するを以て、その際総理衙門は事情に応じ相当の注意を払いて必要なる旅行券を発し、地方高等官憲および駐蔵大臣に対し紹介状を発すべし。探検使にして右両路に出でず。インドの境を超えて西蔵に入るに至らば総理衙門は英国公使より前記趣旨の通知を受けて駐蔵大臣に書面を発すべく、駐蔵大臣は事情に応じ相当の注意を払いて官吏を派遣し探検使の為適当の斡旋を為さしむべし。旅行券は通路防害を受けさらしむる為総理衙門よりこれを発すべし。

西紀一八七六年九月十三日　山東省芝罘に於いて本書を作る。

トーマス・フランシス・ウェード

李　鴻　章

六、緬甸《ビルマ》および西蔵に関する条約

一八八六年七月二十四日北京に於いて署名

一八八七年八月二十五日ロンドンに於いて批准交換

前文　略

第一条　十年毎に使節を派し地方の物産を贈呈することは緬甸の慣例なりしに鑑み、英国は緬甸最高官憲がその常例の十年使節を派遣すべきことに同意す。但し使節の一行は緬甸種族たるべし。

第二条　清国は英国が現今緬甸国に行いつつある権力および支配に関連する一切の事項に付き英国が適宜且つ正当と認むる一切の措置を自由に執り得ることに同意す。

第三条　緬甸および清国間の疆域は境界画定委員会によりて画せらるべく国境貿易の条件は国境通商条約に依りてこれを定むべし。両国は清国および緬甸間の通商を保護奨励するに一致す。

第四条　清国政府が事情を調査せる所に依れば、芝罘条約特別条項に規定せる西蔵に対する使節派遣に関しては多くの障礙《しょうげ》存すること明なるを以て、英国はここに右使節派遣を中止することに同意す。

インドおよび西蔵間の国境貿易に対する措置を思料せんとする英国政府の希望に鑑

み、清国政府はその事情を綿密に調査したる後通商の促進発達を目的として人民を訓諭奨励するの方法を講ずべき義務を有す。もし実行し得べき場合には清国政府は通商章程の慎重審議に着手すべし。もしまた除去し難き障碍の存すること判明したる場合には英国政府は不当にこれを強うることなかるべし。

第五条 略

西紀一八八六年七月二十四日即ち清暦光緒十二年六月二十三日北京に於いて本書三通を作る。

ニコラス・ロデリック・オコンネル

慶　親　王

七、シッキム・西蔵条約　一八九〇年

一八九〇年三月十七日「カルカッタ」に於いて署名
一八九〇年八月二十七日ロンドンに於いて批准交換

大ブリテンアイルランド連合王国女王インド国女皇陛下と清国皇帝陛下とは現在両帝国間に存する友好親善の関係を保持してこれを永久ならしむることを衷心より冀《こいねが》うに因り、且つ最近の事件が前記関係を攪乱《かくらん》せんとせるに鑑み「シッキム」および西蔵間の境界問題を明白に確定し、且つ永久的に解決すること望ましきに因り、英国女皇陛下および清国皇帝陛下は本件に関

し条約を締結するに決し、これが為其全権委員として大ブリテンアイルランド女皇陛下はインド総督「ランスダウン」侯爵「チャールズ・ケース・ペッティー・フィッツモリス」を清国皇帝陛下は駐蔵幇弁大臣副都統升由をそれぞれ任命せり。右各員は互いにその全権委員状を示してこれが正当なるを認めたる後、左の八箇条より成る条約を締結せり。

第一条

「シッキム」および西蔵間の境界は「シッキム」の「テースタ河」およびその支流と西蔵の莫竹《モチユ》河その他西蔵に北流する諸河との分水嶺の山巓《さんてん》たるべし。該境界線は「ブータン」の国境上の「ギップモチ」山を起点とし、前記分水嶺に従い、その「ネパール」国領土と会合する地点に至るものとす。

第二条

英国政府は本条約に依り「シッキム」州に対する保護権の承認を受くべき同州の内治外交に付、直接且つ独占的の支配を為すべし。また英国政府より許可を与え、且つ同国政府を経由する場合を除くの外、同州の君主および官吏は正式非正式を問わず他の国と何等の公的関係を保つべからざるものとす。

第三条

大ブリテンアイルランド国政府と清国政府とは互いに第一条所定の境界を尊重し、国境線の各自側に於ける侵略的行為を防止すべきことを約す。

第四条

「シッキム」および西蔵間境界上の通商を容易ならしむべき措置を講ずるの件は、締約国双方を満足せしむべし。取極《とりきめ》を成立せしむる為、後日これを商議すべし。

第五条

境界の「シッキム」側に於ける遊牧に関する問題は今後更に調査を重ねたる上、これが正当なる決定を為すべし。

第六条

締約国はインドに於ける英国政府と西蔵官憲との全的交通を行うべき方法に関する商議および取極を後日に留保す。

第七条

本条約批准後六箇月内に二名の共同委員（一名はインドに於ける英国政府より他の一名は清国の駐蔵大臣より）を任命すべし。該委員は前三条に留保せる諸問題を会同商議すべし。

第八条

本条約は批准を要す批准書は署名の日後なるべく速やかにロンドンに於いてこれを交換すべし。

右証拠として双方側の商議者は本条約に調印せり。

基督紀元一八九〇年三月十七日即ち光緒十六年二月二十七日「カルカッタ」に於いて本書四

通を作る。

ランスダウン
升　由

八、印蔵条約附属章程　一八九三年

一八九三年十二月五日光緒十九年十月二十八日「ダージリン」に於いて署名
一八九〇年の「シッキム」西蔵条約に増補すべき貿易・公的通信および牧場に関する章程
（亜東《ヤツン》開放に関する章程）

一、西蔵側の境界に於ける亜東に一商埠《しょうふ》を開設し、一八九四年五月一日より一切の英国臣民に対し貿易の為開放せらるべし。インド政府は該商埠に於ける英国貿易の状況を監視する為官吏を派遣して亜東《ヤツン》に駐在せしむることを得べし。

二、亜東に於いて貿易に従事する英国臣民は境界および亜東の間を自由に来往旅行し、亜東に居住し、並びに自己の居住の為または貨物蓄蔵の為家屋または倉庫を賃借することを得べし。清国政府は前記目的の為適当なる建物を英国臣民に供給し、またインド政府が第一条の規程に基き亜東駐在を命したる官吏に特別且つ適宜の邸宅を供給する様取り計うべし。英国臣民は相手方の何人たるを問わずその貨物を売却し、金銭または物品変換に依りて内地産の物品を購入し、また各種の運送具を賃傭《ちんよう》し、その他一般に地方慣習に従いその業務を営むことを得べく、何等煩わしき拘束を受くることなかるべし。英国臣民はその身体および財産の充分なる保護を受くべし。西蔵当局者の休憩所を設立せる境界および亜東間の朗熱《ランジオ》および打均《タチユン》に於いて英国臣民は旅行中日極賃借にて止宿することを得べし。

三、左記物品即ち武器・弾薬・軍需品・塩・酒類および麻酔剤の輸出入は両国いずれかの政府の発意に基き、全然これを禁止し、またはいずれかの政府が自己の側に於いて適当と認むる条件に於いてのみこれを許容し得べし。

四、前条に列挙したる種類以外の貨物にして「シッキム」および西蔵間の境界を経由して英領インドより西蔵に入るもの、または反対に西蔵より英領インドに入るものはその出所の如何を問わず亜東開放の日より起算して五箇年の期間免税たるべし。但し右期間満了後妥当と認むるときは一定の税率を相互に協定し、これを実施することを得べし。インド茶は支那茶が英国に輸入せらるる際の輸入税に超過せざる税率を以て西蔵にこれを輸入することを得べし。但しインド茶の貿易は他の商品が免税せらるる五箇年の期間はこれを停止すべし。

五、英領インドより来ると西蔵より来るとを問わず亜東に到着する一切の貨物は貨物の種類・数量および価額等に付詳細なる報告を該地の税関に差し出し検査を受くべし。

六、西蔵に於いて英国臣民と清国臣民または西蔵臣民との間に貿易に関し紛議起りたるときは在「シッキム」政務官および清国国境官吏会同調査してこれを決定すべし。面談の目的は事実を確かめ公平の判定を為すに在るを以て、意見の相違あるときは被告の属する国の法律に準拠すべし。

七、インド政府より清国駐蔵弁事大臣宛の公信は在「シッキム」政務官より清国国境官吏にこれを手交《しゅこう》し清国国境官吏は特使を以てこれを送達すべし。清国駐蔵弁事大臣よりインド政府宛の公信は清国国境官吏より在「シッキム」政務官にこれを手交し政務官は能う限り速やかにこれを送達すべし。

八、清国官憲およびインド官憲間に往復する公信は相当の敬意を以て取り扱われ、特使は往返の際官位より便宜を供与せらるるものとす。

九、西蔵人にして亜東開放の日附より一箇年経過の後、引き続きその家畜を「シッキム」に於いて牧養せんとするものは英国政府が「シッキム」に於ける牧養心得に関し随時制定する規則に従うべし。右規則はこれを適法に布告すべし。

一般条款（追加条款）

一、在「シッキム」政務官と清国国境官吏との間に意見の相違あるときは各自その直近上長官にこれを報告すべし。双方上長官の間に於いてなお決定を見ざるときは各自その政府に申告して処分を請うべし。

二、本章程実施の日より五箇年経過後当事者の一方より六箇月前の予告あるときは双方より特に任命せる委員をして本章程の改正を審議せしむべし。該委員は経験上妥当と認めらるる修正および拡張を決定採択するの権能を与えらるべし。

三、「シッキム」西蔵条約第七条に基き該条約第四条・第五条および第六条の下に保留せられたる諸問題を終局的に解決するの目的を以て会合討議する為、英清両国政府より共同委員を任命すべきこと規定せられ、且つ斯くして任命せられたる委員は会合して該問題即ち貿易・通信および牧場に関し審議を遂げたる上、更に前記章程九条および一般条款三条より成る協定に署名すること拉該九条の章程および三条の一般条款が前記条約の一部分を形成するものなるを宣言することを命せられたり。右証拠として各委員はここにその氏名を署するものなり。

一八九三年十二月五日即ち光緒十九年十月二十八日「ダージリン」に於いて四通を作る。

英国委員　アルフレッド・ウオリス・ポール

清国委員　何　　長　　栄

税務司　ジエームス・H・ハート

九、大ブリテン国政府および西蔵政府間の条約　一九〇四年

一九〇四年九月七日拉薩に於いて署名
一九〇四年十一月十一日「シムラ」に於いて批准交換

一八九〇年の英清条約および一八九三年の通商章程の意義および効力に関し、並びに右諸約定に基く西蔵政府の義務に関し疑義および紛糾を惹起《じゃつき》せるに因り、また最近の事件は大ブリテン国政府および西蔵政府間に存在したる友好親善の関係を阻害すべき傾向あるに因り、また平和および友好関係を回復して前記の疑義および紛糾を解決するは望ましきことなるに因り、前記両国政府は右の諸目的を以て条約を締結することに決し陸軍大佐「F・E・ヤングハズバンド」は大ブリテン国皇帝陛下の政府が委任したる全権に依り右政府を代表し噶爾丹《ガデン》寺長羅生戛爾曾《ロサンギャルツエン》、噶布倫並びに色拉《セラ》、別蚌《ドプン》、噶爾丹《ガデン》三寺および西蔵国民議会僧俗官憲の代表者は西蔵政府を代表して左の諸条を協定せり。

第一条

西蔵政府は一八九〇年の英清条約を遵守し、および同条約第一条所定の「シッキム」および西蔵間の国境を承認して境界標を設置することを約す。

第二条

西蔵政府は亜東に於けると均しく江孜《ジャンツェ》および加托克《ガルトック》に於いて一切の英蔵両国臣民の自由に出入し得る交易市場を速やかに開設することを約す。

一八九三年の英清協定に依り亜東に於ける交易市場に適用せらるべき取締規則は前記諸市場にこれを適用す。但し右取締規則に将来英蔵両国政府間の共同承認に依り協定せらるべき改正を加うることを得。

前記各地に於いて市場を開設するの外、更に西蔵政府は現存の交通路に由る交易に何等の制限を加うることなくまた交易の発達上必要の場合には同一の条件の下に新交易市場を開設するの問題を考究することを約す。

第三条

一八九三年の通商章程改正問題は別に考究すべき案件としてこれを保留す。且つ西蔵政府は必要なる改正の細目に関し大ブリテン国政府の代表者と商議し得べき全権委員を任命することを約す。

第四条

西蔵政府は相互に協定せらるべき税率表に規定せらるる税金の外如何なる種類の税金をも賦課《ふか》せざることを約す。

第五条

西蔵政府は国境より江孜《ジャンツェ》および加托克《ガルトック》に至る諸道路より一切の障碍を除き交易の要求に応ずる様これに修繕を加え、且つ亜東・江孜および加托克並びに其他将来開設せらるべき各交易市場に於ける大ブリテン国の交易を監督する為に任命せられたる大ブリテン国官憲が、西蔵国または清国官憲に発送せんと欲する書状を受領すべき西蔵官憲一名を前記各交易市場に置くことを約す。

また右西蔵官憲はその受領したる書状を適時に交付し、且つ回答書の伝達に付責任を負うものとす。

第六条

大ブリテン国政府が条約義務の違犯に対する原状回復を強要する為に拉薩に軍隊を派遣したるに因り蒙れる費用および大ブリテン国委員およびその随員並びに護衛隊に加えたる侮辱および攻撃に対する賠償金として西蔵政府は大ブリテン国政府に対し五十万「ポンド」即ち七百五十万「ルピー」を支払うことを約す。右賠償金は大ブリテン国政府が屢次《るじ》適時の通告後西蔵に於いてまたは大ブリテン国領たる「ダージリン」または「ジャルパイグリ」地方に於いて指定する地点に於いて一九〇六年一月一日より起算して一箇年十万「ルピー」宛七十五箇年年賦にて毎年一月一日に支払わるべきものとす。

第七条

前記賠償金の支払および第二条ないし五条所定の交易市場に関する規定の履行に対する保障として大ブリテン国政府は右賠償金の支払完了に至るまで、および交易市場が有効に三箇年間開設せらるる場合その最後に開設せらるるものの期限満了の日（その何日たるを問わず）に至るまで春丕《チュムビ》渓谷の占領を継続するものとす。

第八条

西蔵政府は一切の堡塁および要塞を破壊し且つ大ブリテン国の国境と江孜および拉薩との間の自由交通を阻礙すべき一切の軍備を撤廃すべきことを約す。

第九条

西蔵政府は予め大ブリテン国の同意を得るにあらざれば、左の諸項の行為を為さざることを約す。

（イ）西蔵国の領土の一部を他国に割譲し、売却し、租与し、抵当に入れその他占領の為に譲与すること。

（ロ）西蔵国の事件に他国の干渉を許容すること。

（ハ）他国の代表者または代理人の西蔵入国を許容すること。

（ニ）他国または他国の臣民に鉄道・道路・電話・鉱業その他の権利の為に利権特許を許与すること。但し右の利権特許に承認の与えられたる場合には同一または同等の利権特許を大ブリテン国政府に許与すべきものとす。

（ホ）現物払いたると現金払いたるとを問わず、西蔵の収入を他国または他国の臣民に対する債務の保証または弁済の充当とすること。

第十条

右証拠として交渉委員は本条約に署名詞印せり。

基督紀元一九〇四年九月七日即ち西蔵暦甲辰の年七月二十七日拉薩に於いて本書五通を作成す。

大ブリテン国委員　F・E・ヤングハズバンド

達　頓　喇　嘛　（噶爾丹寺長代鈴）

噶　布　倫

別　蚌　寺

色　拉　寺

噶　爾　丹　寺

西　蔵　諸　首　領　会　議

右日附の本条約に署名するに際し、大ブリテン国および西蔵の代表委員は英吉利語の本文が拘束力あるものなることを声明す。

大ブリテン国委員　F・E・ヤングハズバンド

達頓喇嘛（噶爾丹寺長代鈴）

噶布倫寺

別蚌寺

色拉寺

噶爾丹寺

西蔵諸首領会議

インド総督アムシル

本協約は千九百四年十一月十一日「シムラ」の参事会に於いてインド総督これを批准す。

インド政府外務部書記官S・M・フレーザー

右批准せられたる一九〇四年九月七日の条約の附属書として一九〇四年十一月十一日インド総督の署名せる宣言書。

インド総督は大ブリテン国陛下の政府を代表する大ブリテン国の西蔵国境事務委員陸軍大佐「ヤングハズバンド」と西蔵政府を代表する噶爾丹《ガデン》寺長羅生戞爾曾《ロサン・ギャルツエン》、噶布倫並びに色拉《セラ》・別蚌《ドレプン》・噶爾丹《ガデン》三寺および西蔵国民議会僧侶官憲の代表者との間に一九〇四年九月七日拉薩に於いて締結せられたる条約を批准したるが、右条約第六条の規定に基き、大ブリテン国陛下の政府が拉薩に軍隊を派遣したるに関し蒙りたる費用の賠償金として西蔵政府が大ブリテン国政府に対し支払うべき義務を負いたる額を七百五十万「ルピー」より二百五十万「ルピー」に減額すべき様恩恵的訓令を発すべきこと、並びに大ブリテン国の春丕渓《チュムビ》谷占領は同条所定の前記賠償金が三箇年年賦を以て正当に支払われたる後に中止すべきことを声明するを欣快《きんかい》とす。但し右撤兵は条約第二条所定の交易市場が条約第六条所定の通り「有効に三箇年間開設せられ且つ西蔵人が右期間中他の一切の点に関しても前記条約の規定を誠実に遵守したることを条件とするものなり。

インド総督　アムシル

本宣言書は千九百四年十一月十一日「シムラ」の参事会に於いてインド総督これに署名す。

インド政府外務部書記官　S・M・フレーザー

十、大ブリテン国政府および中国政府間の西蔵に関する条約　一九〇六年

一九〇六年四月二十七日北京に於いて署名
一九〇六年七月二十三日ロンドンに於いて批准交換

大ブリテンアイルランド連合王国および英国海外領土皇帝インド皇帝陛下並びに清国皇帝陛下は両帝国間に現存する友好親善の関係を保持永続せんことを誠実に希望するに因り、

また西蔵が一八九〇年三月十七日の英清条約および一八九三年十二月五日の章程に定むる条項の効力を承認すること、または該条項を完全に履行することを肯せざる為英国政府をして該条約および章程に基く権利および利益を確保するの措置を執るの必要あるに至らしめたるに因り、

また十条より成る英蔵条約が一九〇四年九月七日拉薩に於いて署名せられ、一九〇四年十一月十一日インド総督英国を代表してこれを批准し、且つ同条約の条項を一定条件の下に変更する英国側の宣言書をこれに附属せしめたるにより、

英国皇帝陛下および清国皇帝陛下は本件に関し条約を締結するに決し、これが為各自の全権委員として大ブリテンアイルランド国皇帝陛下は

清国駐剳特命全権公使「サー・アーネスト・メイソン・サトウ」を

清国皇帝陛下は

欽差全権大臣外務部右侍郎唐紹儀を

それぞれ任命せり。

右各委員は互いにその全権委任状を示し、これが良好妥当なるを認めたる後左の六箇条より成る条約を協定締結せり。

第一条

一九〇四年九月七日英国および西蔵間に締結せられたる条約はここに確認せられ、その英吉利語および中国語の本文はこれを附属書として本条約に添附す。但し該条約附属宣言書中に掲たる変更規定に従うべきものとす。また両締約国は何時にても該条約に定むる条項の正当なる履行を確保するに必要なる措置を執ることを約す。

第二条

英国政府は西蔵の領土を併合し、または西蔵の施政に干渉せざることを約す。清国政府もまた他の外国をして西蔵の領土または内治に干渉せしめざることを約す。

第三条

一九〇四年九月七日英国および西蔵間に締結せる条約第九条（二）号に掲ぐる利権は清国以外の国の政府または臣民をしてこれを享受せしめざるものとす。但し英国は該条約第二条に規定せる各交易市場に於いてインドと連絡する電信線を架設し得ることを清国と商定せり。

第四条

一八九〇年の英清条約および一八九三年の章程の規定は本条約および附属書に牴触《ていしょく》せざる限り依然完全に有効なるものとす。

第五条

本条約は英吉利文および中国文を以てこれを作成し詳細に校正し両文符合するものとす。但し解釈上の相違あるときは英吉利文に拠る。

第六条

本条約は両国君主に於いてこれを批准署名すべきものとし、その批准書は両国全権委員署名の日より三箇月以内にロンドンに於いて交換せらるべし。

右証拠として本条約英吉利文および中国文各四通を作り両国全権委員これに署名調印したり。

一九〇六年四月二十七日即ち光緒三十二年四月四日北京に於いて本書を作る。

アーネスト・サトウ

唐　紹　儀

十一、西蔵に関する大英国およびロシア国間の条約　一九〇七年

一九〇七年八月十八日（三十一日）サンクトペテルブルクに於いて署名

大ブリテンアイルランド連合王国および大ブリテン海外領土皇帝インド皇帝陛下と全ロシア国皇帝陛下はアジア大陸に在る各自国利益に関する各種の問題を相互の一致に依り協定せんこ

とを切望し、該問題に関し大ブリテン国とロシア国との間に於ける誤解の一切の原因を防止すべき諸協定を締結するに決し、これが為各左の全権委員を任命せり。

大ブリテンアイルランド連合王国および大ブリテン海外領土皇帝インド皇帝陛下
ロシア国駐剳大ブリテン国特命全権大使
「サー・アーサー・ニコルソン」
全ロシア国皇帝陛下
外務大臣
「アレキサンドル・イズウォルスキー」

因って各全権委員は互いにその全権委任状を示し、その良好妥当なるを認めたる後左の如く協定せり。

×　×　×　×

西蔵に関する協定

大ブリテン国およびロシア両国政府は西蔵に於ける清国の宗主権を認め、大ブリテン国がその地理上の位置に由り、西蔵の対外関係に於ける現状維持に関し特別利益を有するの事実に鑑み、左の取極を為せり。

第一条

両締約国は西蔵領土保全を尊重し、その内政に対し一切干渉せざることを約す。

第二条

大ブリテン国およびロシア国は西蔵に於いて清国の有する所として承認せられたる宗主権の原則に拠り清国政府を経由するにあらざれば、西蔵と何等交渉を為さざることを約す。もっともこの協定は一九〇四年九月七日大ブリテン国と西蔵との間に締結せられたる条約第五条に規定し、更に一九〇六年四月二十七日大ブリテン国と清国との間に締結せられたる条約に依って確認せられたる英国貿易事務官と西蔵官憲との直接関係を排除するものにあらず。また右一九〇六年の条約の第一条に依り大ブリテン国および清国の間に締結せられたる諸約定を変更せざるものとす。

仏教信者はその大ブリテン国臣民たるとロシア国臣民たるとを問わず純然たる宗教事項に関しては達頼喇嘛《ダライラマ》その他西蔵に於ける仏教代表者と直接の交通を為すを得べし。但し大ブリテンおよびロシア両国政府はその関する限り右交通をして本協定の規定に抵触せしめざることを約す。

第三条

大ブリテンおよびロシア両国政府は拉薩にその代表者を送らざることを約す。

第四条

両締約国は各自国の為、またはその臣民の為西蔵に於いて鉄道・道路・電信および鉱山その他の利権を求め、または取得せざることを約す。

第五条

両国政府は西蔵の歳入の如何なる部分たりともその現品たると正金たるとを問わず、これを大ブリテン国もしくはロシア国または右両国臣民に抵当と為しまたは供託するを得ざることに同意す。

西蔵に関する英露協定附属書

大ブリテン国はインド総督閣下に依り署名せられ、且つ一九〇四年九月七日の条約の批准書に附属せる宣言書即ち大ブリテン国軍隊の「チュムビ」低地占領は二千五百万ルピーの償金が三箇年賦支払後に至り止むべき事。但し同条約第二条掲ぐる商埠が実際三年間開かれ且つ西蔵官憲が一九〇四年の該協約一切の規定を忠実に遵守することを要する旨の宣言書を再びここに確認す。もし大ブリテン国軍隊の「チュムビ」依地占領が如何なる理由に依るも右宣言書を以て定めたる時期にて終了せざるときは大ブリテンおよびロシア両国政府は本件に関し友誼的意見の交換を開始すべきこと勿論なりとす。

本条約は批准を要しその批准書は成るべく速やかにサンクトペテルブルクに於いてこれを交換すべし。

右証拠として両国全権委員は本条約に署名調印せり。

一九〇七年八月十八日（三十一日）サンクトペテルブルクに於いて本書二通を作る。

イズヴォルスキー
A・ニコルソン

十二、インドおよび西蔵間通商章程　一九〇八年

一九〇八年四月二十日「カルカッタ」に於いて署名（英・中・西蔵文）
一九〇八年十月十四日北京に於いて批准交換

前　文

一九〇六年四月二十七日即ち光緒三十二年四月四日の英清条約第一条に依り両締約国は一九〇四年九月七日の拉薩条約（その英吉利語中国語および本文はこれを前記条約附属書として添附せり）に掲ぐる条項の履行を確保するに必要なる措置を何時にても執るべきことを約したるに因り、また右拉薩条約第三条に於いて西蔵通商章程（一八九三年十二月五日英清両国委員の署名せるもの）の改正に関する問題は別にこれを審議すべきことを定め、且つ該章程の改正は今や必要と為りたるに因り大ブリテンアイルランド連合王国および英国海外領土皇帝インド皇帝陛下と清国皇帝陛下とは右目的の為各自の全権委員として左の如く任命せり。即ち大ブリテンアイルランド連合王国および英国海外領土皇帝インド皇帝陛下は「E・C・ウィルトン」を、清国皇帝陛下は張蔭棠をそれぞれ任命せり。

また西蔵高級官憲は張大臣指揮の下に該商議に参加すべき代表者として噶布倫汪曲結布《ワンチユツクツジヤルポ》に全権を委任せり。「Ｅ・Ｃ・ウィルトン」および張大臣は互いにその全権委任状を示してこれが良好妥当なるを認め、且つ西蔵代表者の委任状もまた良好妥当なるを認めたる後左の如く改訂章程を協定せり。

第一条　一八九三年の通商章程は本条約に抵触せざる限りこれを有効とす。

第二条　左の各地は江孜《ジヤンツエ》商埠界を形成し且つその境界内に在るものとす。

（イ）境界線は江孜堡塁東北の曲迷蕩桑《チユミツクダンサン》に起り曲行して廓闕堞《ベコルシヨウド》大寺の後を過りて峡東岡《チヤツダドンガン》に至り、これより直に逸陽河《ニヤンチユ》を越えて匝木薩《ザムサ》に至りて止む。

（ロ）匝木薩《ザムサ》より境界線は東南に接行し拉極多《ラチト》に達し拉和《ラホン》、格火格錯《ホツゲツオ》、東窮席《トンチユンシ》、拉布岡《ラブガン》等の田畝を該線内に包含せしむ。

（ハ）また拉極多《ラチト》より該線は玉駝《ユートツグ》に至り玉駝《ユートツグ》より甘卡爾席《ガムカルシ》全地を経て直行して曲迷蕩桑《チユミツクダンサン》に至りて止む。

商埠内に家屋および倉庫を築造すること困難なりし事情に鑑み英国臣民は爾今各商埠内に於いて家屋および倉庫建築の為土地を賃借し得るものとす。右建築物の敷地に供ずべき地区は清国および西蔵官憲に於いて英国貿易事務官と協議の上これを画定すべし。英国貿易事務官および英国臣民は右地区を除くの外、他処に於いて家屋および倉庫を建築することを得ず。但し該取極は清国および西蔵地方官憲の右地区に於ける施政権並びに英国臣民が右地区外に於いて住居および貨物保蔵の為家屋および倉庫を賃借するの権利を何等妨くることなかるべし。

建築物敷地を賃借せんとする英国臣民は英国貿易事務官を経て工務局に借地許可証の下付を出願すべくその借地の料金、または期限は借主および地主間に於いて和衷協定すべし。地主および借主間に借地の料金、期限または条件に関し意見合わざるときは清国および西蔵官憲と英国貿易事務官と協議してこれを解決すべし。借地契約成立後は工務局に於ける清国および西蔵地方官憲に於いて貿易事務官と協同してこれを認証すべし。工務局未だ借主に建築許可証を下付せざる間は該借主は建築に着手することを得ず。但し右建築許可証の下付は濫《みだり》にこれを遅滞せしめざるものとす。

第三条

各商埠の施政は清国官吏の監督および指揮の下に西蔵官吏依然これを行うべし。各商埠の貿易事務官および辺界官吏は相当階級のものたるべく相互に礼譲および好意を以て交渉および通信を為すべし。

貿易事務官および地方官憲間の協議を以て決定し難き問題はインド政府と拉薩に於ける西蔵高級官憲とに回付してこれを解決すべし。インド政府回付文の趣旨は清国

第四条

駐蔵大臣にこれを知照すべし。インド政府と拉薩に於ける西蔵高級官憲との協定を以て決し得ざる問題は一九〇六年の北京条約第一条に照して英清両国政府に回付してこれを解決すべし。

商埠に於いて英国臣民と清国人および西蔵人との間に争論生したるときは最寄商埠の英国貿易事務官と該商埠裁判所の清国および西蔵官吏と合同面議して調査を遂げ解決の方法を講ずべし。右会同面議の目的は真相を査明し公平に処理せんとするに在り。意見合わざる点あるときは被告の属する国の法律に従うべきものとす。この種の交渉事件に於いては被告の国の官吏これが主審たるべく原告の国の官吏は唯会審するに止むべし。

英国臣民相互間に生じたる財産上または身分上の権利に関する事件は英国官憲の管轄に属するものとす。

英国臣民にして商埠内に於いて、または商埠に至る途上に於いて犯罪を犯したるときは地方官より犯罪地最寄商埠の英国貿易事務官に引き渡し、インド法律に照し訴追処罰すべし但し地方官憲は右英国臣民に対し必要なる拘束を行うの外凌虐《りようぎやく》を加うべからず。

清国臣民または西蔵臣民にして各商埠内に於いてまたは各商埠に至る途上に於いて英国臣民に対し罪を犯したるときは清国および西蔵地方官憲に於いて法律に照し

て逮捕処罰すべし。
裁判は双方側に対し公平無私にこれを行うべし。
清国または西蔵臣民にして英国貿易事務官に対し英国臣民を刑事被告として出訴したるときは清国または西蔵官憲は代表者を派して英国貿易事務官の公堂に於ける審理に立会わしむるの権利を有す。同様に英国臣民にして商埠内の裁判所に対し清国または西蔵臣民を被告として出訴すべき事件ありたるときは英国貿易事務官もまた代表者を裁判所に派して審理に立会わしむるの権利を有す。

第五条

西蔵官憲は北京政府の訓令に従い西蔵の司法制度を改革して西洋諸国の司法制度と同一ならしめんことを深く希望し、英国もまた何時にても清国に於けるその治外法権を拋棄し且つ西蔵の法律およびその運用の状態その他の事情を考量したる後適当と認めたるときは西蔵に於ける治外法権を拋棄すべし。

第六条

英国軍隊撤退後インド辺界より江孜《ジャンツェ》に達する道路に於いて英国の建築せる一切の舎屋（計十一箇所）は清国に於いて原費用を補償してこれを引き続き公平の賃率を以てインド政府に貸与すべし。各旅舎の一半は各商埠よりインド辺界に至る電信線の検査維持に従事する英国官吏の使用の為並びに右材料保蔵の為これを保留すべし。爾余《じよ》の部分は商埠を来往する英国清国および西蔵の相当地位の官吏の用に供せらるべし。

英国は清国よりの電信線が江孜の商埠に達するに至りたるときはインド辺界より江孜に至る電信線を清国に移転することを考量すべし。その際までは清国および西藏電信は右インド政府架設の電信線により支障なく送受せらるべし。またその際までは清国は各商埠よりインド辺界に至る電信線の適当なる保護の責に任すべく右電信線を毀損しまたは右電信線の検査もしくは維持に従事する官吏に対し何等かの防礙《ぼうがい》を加えたる者は直に地方官憲に於いてこれを厳罰に処すべし。

第七条　借財、商業上の失敗および破産に基く金銭債務事件に関する訴訟に於いては当該官憲は公判を開き支払を励行するに必要なる措置を執るべし。但し債務者貧困にして賠償の力なきときは当該官憲は該債務の責に任せざるべくまた該債務履行の為官公財産を差押えらるることなかるべし。

第八条　西藏に於いて既に開かれまたは将来開かるべき各商埠に駐在する英国貿易事務官はインド辺界を来往するその信書の逓送および伝達に関する措置を執ることを得べし。右信書の送達に従事する使者はその経由する地の地方官憲より能う限りの援助を受くべく、且つ西藏官憲の公信伝達に従事する使者と同一の保護を享受すべし。清国に依り西藏に於ける郵便事務の有効なる措置講ぜらるるに至りたるときは貿易事務官の使者を廃止する為英清両国間に協議すべし。英国官吏および商人が適法に清国人および西藏人を雇傭することに対し何等の拘束を加うることなかるべし。また右被傭者も西蔵臣民として享くべき私法上の権利に何等の迫害または損失を蒙むることなかるべし但し右の者が法律上納付すべき賦税はこれを免除することなし右の者が罪を犯したるときは地方官憲に於いて法律に照しこれを処断すべく雇主は何等庇護または隠匿を図るべからざるものとす。

第九条 各商埠に至る英国官吏および臣民並びに貨物はインド辺界よりの通商道路を恪守《かくしゅ》することを要し、許可なくして商埠外の各地に入りまたは何道路に依るを問わず西蔵内地を経由して亜東・江孜《ジャンツエ》より噶大克《ガルトツク》に至り、もしくは噶大克より江孜・亜東に至ることを得ず。但しインド辺境の土著民にして旧慣に依り西蔵に於いて商埠外に貿易および居住し来れるものは現行慣習に従い依然貿易するを得。但し右の者は従来通当該地方の法権に服従すべきものとす。

第十条 官吏または商人にしてインドまたは西蔵往来の途上に於いて公私の財産貨物を略奪せられたるときは直にこれを警察官に報告すべく警察官は即時に盗賊を逮捕しこれを地方官憲に引き渡すの措置を執るべし。地方官憲は直に裁判を為し且つ盗難物件を回復および返還すべし。盗賊が西蔵法権および勢力のおよばざる地に逃れ逮捕し得ざるに至れるときは警察官憲および地方官憲は右損失の責に任ぜざるべし。

第十一条 公安の為石油その他可燃性または危険性物件を多量貯蔵する「タンク」または倉庫は商埠居住地より遠隔せる場所にこれを設置すべし。

右「タンク」または倉庫を設けんとする英国商人またはインド商人は章程第二条に照し適当なる場所に築設せんことを出願せざる限りこれを設くることを得ず。

第十二条　英国臣民は貨物あるいは金銭を以て取引し、その貨物を任意の人に売却し、土産貨物を任意の人より購入し、各運輸機関を賃傭しその他地方慣習に従い一般商業取引を為すことを得べく何等不当なる制限または誅求を蒙むることなかるべし。

商埠内または商埠途上に於ける英国臣民の身体および財産に対し常に有効なる保護を与うるは警察官憲および地方官憲の義務なるに鑑み清国は各商埠および各商埠途上に於ける有効なる警察措置を執るべきことを約す。右措置充分に行わるるに至らば英国は貿易事務官の護衛隊を商埠より撤退し且つ西蔵に軍隊を駐屯せしめざるべく以て住民間の疑惑および紛擾原因を除去すべし。清国官憲は英国貿易事務官が西蔵官民と面会しまたは書面を往復することを阻礙《そがい》せざるべし。

インドに於いて貿易、旅行または居住する西蔵臣民は章程に依り西蔵に於ける英国臣民に与えらるる所と同等の利益を享受すべし。

第十三条　本章程は両国全権委員および西蔵代表者署名の日より起算して十箇年間有効とす最初の十箇年満了後六箇月以内にいずれかの側より改正を要求せざるときは本章程は右十箇年満了の際より更に十箇年間有効なるべく爾後十箇年毎に右同断とす。

第十四条　本章程の英吉利語、中国語および西蔵語の各本文は詳密に照校を経たり。本章程の解釈に関し紛議を生ずるときは英吉利語の示す意義を以て正当なるものとす。

第十五条　大ブリテンアイルランド国皇帝陛下および清国皇帝陛下のそれぞれ親署せる本章程の批准書は調印の日より六箇月以内に北京およびロンドンに於いてこれを交換すべし。

右証拠として両国全権委員および西蔵代表者は本章程に署名調印せり。

基督紀元一九〇八年四月二十日即ち清暦光緒三十四年三月二十日「カルカッタ」に於いて本書四通を作成す。

E・C・ウィルトン

張　蔭　棠

汪　曲　結　布

十三、大ブリテン国政府および「ブータン」国政府間の条約　一九一〇年

一九一〇年一月八日「ブータン」国「プナカ」に於いて署名

一九一〇年三月二十四日「カルカッタ」に於いて批准

一八六五年十一月十一日即ち「ブータン」暦「シン・ラン」九月二十四日英国政府と「ブータン」国政府との間に「シンチュラ」に於いて締結せられたる条約の第四条および第八条を修正せん

と希望するに因り「シッキム」政務官「C・A・ベル」はインド総督「ミントー」伯爵「サー・ギルバート・ジョン＝エリオット＝マーレイ＝キニンマウンド」が委任したる全権により「ブータン」国太守「ウゲン・ワンチュク」殿下と左記修正条約を協定せり。一八六五年の「シンチュラ」条約第四条に左の一項を附加す。

英国政府は「ブータン」国政府に対する年額資助金を五万ルピーより十万ルピーに増額し一九一〇年一月十日よりこれを実施す。一八六五年の「シンチュラ」条約第八条は左記条文の如く修正す。

英国政府は「ブータン」国の内政に干渉することなし。但し「ブータン」国政府は外交に関しては英国政府の指教《しきょう》に基き行動すべきことを協定す。「シッキム」および「クーチ・ビハール」の太守と争執あるか、あるいはこれを告訴する原因ある時、該事件は調停を英国政府に附託すべし。英国政府は公平にこれが解決に当たり、前記太守がこれが決定を遵守すべきことを主張すべし。

基督紀元一九一〇年一月八日即ち「ブータン」暦地鳥《サジャ》十一月二十七日「ブータン」国「プナカ」に於いて本書四通を作成す。

十四、露蒙修好協定および附属通商議定書　一九一二年

一九一二年十月二十一日(1)（十一月三日）庫倫《クーロン》に於いて調印

（1）ロシア暦

協　定

蒙古人が一致表明せる蒙古国土の民族的および歴史的政体を維持せんとするの希望に従い、中国軍隊および官憲は蒙古領土より撤退するの余儀なきに至り、哲布尊丹巴呼図克図《チップゾンダンバフトクト》は蒙古人民の君主として宣布せられたり。

蒙古および中国間の旧関係は斯くして終結せり。

上記の事実並びにロシア国国民および蒙古人民間に従来存在したる相互的友誼を考量し且つロシア国および蒙古間の通商を規律すべき組織を明確に決定するの必要あるに鑑み、ここにロシア帝国政府よりこれが為正当なる委任を受けたる「アクチュアル・ステート・カウンシラー」「イワン・コロストウヴエッツ」および

蒙古人民の君主、蒙古政府および蒙古諸王より正当なる委任を受けたる蒙古総理大臣万教護持三音諾顔汗那木囊蘇倫《サインノヤンナムナンソロン》

全権委員内務大臣泌蘇朱克図《チンソゾクト》親王喇嘛《ラマ》「ツュリン・チメット」

全権委員外務大臣額爾徳呢《エルデニ》「ダイチン」新王杭達多爾済《ハンダドルジ》（汗待遇）
全権委員陸軍大臣額爾徳呢《エルデニ》達頼郡王棍布蘇倫《ゴムボソロン》
全権委員大蔵大臣土謝図《トシエト》郡王察克都爾札布《チャクドルジャップ》および
全権委員司法大臣額爾徳呢《エルデニ》郡王那木薩賚《ナムサライ》は左の如く協定せり。

第一条

ロシア帝国政府は蒙古をしてその確立したる自治制度並びに自国軍隊を有するの権利を維持せしめ、且つその版図内に於ける中国軍隊の駐屯および中国人の植民を認許《にんきょ》せざらしめんが為、蒙古を援助すべし。

第二条

蒙古君主および蒙古政府は従来通りロシア国の臣民および通商に対し本協定附属議定書に列記せる権利および特権の享有を許与すべし。ロシア国臣民が蒙古に於いて享有せざる権利は同国に於いてこれを他の外国臣民に許与せざるものとす。

第三条

蒙古政府が中国またはその他の外国と別個条約締結の必要を認むる場合といえどもロシア帝国政府の同意有るにあらざれば如何なる場合に於いても右新条約を以て本協定およびその附属議定書の条項を侵犯し、またはこれを修正することを得ず。

第四条

友誼的なる本協定は署名の日よりこれを施行す。

右証拠として各全権委員は二通を作成せる本協定のロシア語および蒙古語両正文を対照しその相一致せるを認め署名調印の上これが交換を了せり。

一九一二年十月二十一日即蒙古暦共載第二年秋末月二十四日（一九一二年十一月三日）庫倫に於いて作成す。

一九一二年十月二十一日（十一月三日）の露蒙協定附属議定書

ロシア帝国政府全権委員「アクチュアル・ステート・カウンシラー」「イワン・コロストヴェッツ」と蒙古君主、蒙古政府および蒙古諸王の全権代表として蒙古総理大臣万教護持三音《サイン》諾顔《ノヤン》汗那木囊蘇倫《ナムナンソロン》・全権委員内務大臣泌蘇朱克図《チンソゾクト》親王喇嘛《ラマ》「ツュリン・チメット」・全権委員外務大臣額爾徳呢《エルデニ》「ダイチン」親王杭達多爾済《ハンダドルジ》（汗待遇）・全権委員陸軍大臣額爾徳呢《エルデニ》達頼郡王棍布蘇倫《ゴムボソロン》・全権委員大蔵大臣土謝図《トシエト》郡王察克都爾札布《チャクドルジャップ》および全権委員司法大臣額爾徳呢《エルデニ》郡王那木薩賚《ナムサライ》との間に本日署名せられたる露蒙協定第二条の規定に依り前記全権委員は蒙古に於けるロシア国臣民の権利および特権（その内若干は同臣民既にこれを享有す）およびロシア国に於ける蒙古人民の権利および特権を示せるものにして左記条項に関する協定を締結せり。

第一条

ロシア国臣民は従来通り蒙古内に於いて随所に居住し、および自由に移転し商業・工業およびその他の業務に従事し、またロシア国・蒙古・中国または外国の個人・商社または公私施設物のいずれを問わず、これと各種の契約を為すの権利を享有すべし。

第二条

ロシア国臣民は従来通り輸出入税を支払うことなくロシア国・蒙古・中国およびその他の諸国の各種の土地生産品および製造品を何時たりとき、輸出入を為すの権利および蒙古に於いて何等の輸出入税、税金または課金を支払うことなくして自由に商業に従事するの権利を享有すべし。

第三条

ロシア国の金融施設は蒙古にその支店を開設し個人・施設物または会社のいずれたるを問わずこれと金融上その他の取引を為すの権利を享有すべし。

霧中共同の事業、または自己の所有物にあらざる商品を偽りてその所有者なりと称するロシア国臣民に対しては本（第二）条規定の効力をおよぼすことなし。

第四条

ロシア国臣民は現金または貨物の変換（物物変換）に依り売買を為し、且つ信用取引を為すことを得各旗および蒙古国庫はいずれも私人の負債に対しその責に任ぜざるべし。

第五条

蒙古官憲は蒙古人または中国人がロシア国臣民と各種の商取引を為し、その個人的雇人となりまたはその組織する商工事業に加入することに対し障害を加うることなかるべし。商業または工業に関する独占権はこれを蒙古に於ける公私の会社・施設物または個人に対して許与せざるべし。本協定締結前既に蒙古政府より右独占権を得たる会社および個人は所定期間の満了までその権利および特権はこれを保持するものとす。

第六条

ロシア国臣民は蒙古の都市または旗いずれたるを問わず随所に商工業上の経営所を創設し、並びに家屋・店舗および倉庫を建設する為指定地を賃借し、または自己の所有物としてこれを取得するの権利を許与せらるべし。右の外ロシア国臣民は耕作の目的を以て空地を賃借するの権利を有すべし。右の指定地は前記目的の為に取得または賃借すべく、投機の目的を以てすべからずまた該指定地は蒙古の現行法に従い蒙古政府との協議を以て割り当てらるべし。聖地および牧場はこの限りに在らず。

第七条

ロシア国臣民は砿物および木材の採取、漁業およびその他に関して蒙古政府と協定を為すの権利を有すべし。

第八条

ロシア国政府は蒙古政府と協議の上その必要と認むる蒙古各地に於いて領事を任命するの権利を有すべし。蒙古政府もまた協議の上ロシア国国境上の必要と認むる各地にその代表者を置くことを得。

第九条

ロシア国領事館所在地並びにロシア国の商業上枢要なるその他の地方に於いてはロシア国領事と蒙古政府との協議を以てロシア国臣民の各種工業および住居に供する為特別商業地域を割り当つべし。右商業地域はその地駐在の前記ロシア国領事または該ロシア国領事なき場合はロシア国商業組合長専管の下に置かるべし。

第十条

ロシア国臣民は蒙古政府と協議の上蒙古各地間並びに特定地方とロシア国国境上の各所との間に於いて信書の発送および貨物の輸送を為さんが為自費を以て郵便事務を開設するの権利を保有すべし。駅舎その他必要なる建物を建設する場合に於いては本議定書第六条に定むる規則を遵守すべし。

第十一条

蒙古に於けるロシア国領事は必要ある場合公用通信の発送その他公務上の必要の為蒙古政府の郵便営造物および伝書使を利用することを得。但し右の目的を以てする無料使用は一個月馬百頭および駱駝三十頭を超えざるものとす。伝書使の旅券はその都度蒙古政府よりこれを受くべし。ロシア国領事および一般ロシア国官吏は旅行中料金を支払いて右営造物を利用することを得蒙古政府の駅舎を利用するの権利はこれが使用に対して蒙古政府と協議決定したる額を支払うときはロシア国民たる個人にもこれをおよぼすべし。

第十二条

ロシア国民は蒙古内地よりロシア国領土に流るる河川およびその支流にその所有する商船を浮べ且つその沿岸住民と通商するの権利を有すべし。ロシア国政府は前記河川に於ける航行の改善、必要なる水路標識の設置その他に関し蒙古政府を援助すべし。蒙古官憲は本議定書第六条の規定に準拠して船舶の繋留、埠頭および倉庫の建設、薪炭の貯蔵その他の用に供する為右河川上にて場所を割り当つべし。

第十三条

ロシア国臣民は貨物運搬および家畜移行の為陸路および海路を利用するの権利を有すべく、且つ蒙古官憲と協定の上自費を以て橋梁、渡船その他を設置しその通行人より特別料金を徴収するの権利を有すべし。

第十四条

ロシア国臣民の所有する家畜は移行の途次休養の為停留することを得。滞留の必要ある場合地方官憲は家畜移行路に沿いて且つ家畜市場に於いて適当なる地域の牧場を割り当つべし。右地区の三月以上の使用に対しては使用料を徴収すべし。

第十五条

蒙古国境を超えて漁、猟および刈入（牧草を）するロシア国国境地方の住民の従来の慣習は今後共何等変更なく継続せらるべし。

第十六条

一方ロシア国臣民および公益団体と他方蒙古人および中国人との間の契約は口頭または書面を以て取り結ぶことを得。契約当事者は証明を受くる為、右契約を地方官憲に呈示することを得。該官憲は右契約の証明に対し、異議あるときは直にこれをロシア国領事に通告することを要し、誤解は右領事と協議の上これを解決すべし。

不動産に関する契約は書面を以てこれを為し、且つ証明および確認を受くる為当該蒙古官憲およびロシア国領事に呈示することを要す。天然資源開発の権利を付与する書類には蒙古政府の確認あることを要す。

口頭または書面を以て取り結びたる契約に関し争議発生せる場合当事者はその選定せる仲裁者の援助を得て事件を和解することを得、この方法に依り解決を見ざるときは事件は混合法律委員会に依り判決せらるべきものとす。

常設および臨時の二混合法律委員会を設け常設委員会はロシア国領事の駐在する各地にこれを置き領事またはその代表者およびこれに相当する官位を有する蒙古官憲の代表者を以てこれ

を組織す。臨時委員会は事件発生に応じて前記以外の各地にこれを置きロシア国領事の代表者および被告の所属または居住する旗の首長の代表者を以てこれを組織す。混合委員会はこの種事件に関する者を専門家としてロシア国臣民、蒙古人および中国人中より招請することを得。混合法律委員会の判決はロシア国臣民の場合に於いてはロシア国領事に依りまた蒙古人および中国人の場合に於いては被告の所属または居住する旗の王に依り遅滞なくこれを執行すべし。

第十七条

本議定書は署名の日よりこれを実施す。

右証拠として各全権委員は二通を作成せる本議定書のロシア語および蒙古語の両正文を対照しその相一致せるを認め署名調印の上これが交換を了せり。

一九一二年十月二十一日即蒙古暦共載第二年秋末月二十四日庫倫に於いて作成す。

エム・コロストヴェッツ（署名）

蒙古総理大臣

内務夫臣

外務大臣

陸軍大臣

大蔵大臣

司法大臣

（以上蒙古語にて署名）

十五、蒙蔵条約(1)　一九一三年

一九一三年一月庫倫に於いて調印せられたりと伝う

（1）Perry-Ayscough & Otter-Harry（John Lane）:"With the Russians in Mongolia" pp.10-13

蒙古および西蔵は満洲朝廷の羈絆を脱し中国と分離し各自独立の国家を組織し、且つ両国が古来同一宗教を信奉するの故を以て相互の歴史的親善を敦厚《とんこう》ならしめんが為蒙古政府の委任を受けたる外務大臣心得尼克達比里克特達喇嘛《ニクタビリクトダラマ》、喇布坦《ラブタン》および同次官将軍統領兼「マンライ・カアトイル・ベイゼ」、達木党蘇倫《ダムデンソロン》並びにに西蔵の君主達頼喇嘛《ダライラマ》の委任を受けたる「グジル・ツァンシブ・カンチェン」、「ルブサン・アグワン」、「ドニル・アグワンチョイザン」、西蔵銀行理事「イシチャヤマツォ」、書記「ゲンドウン・ガルサン」は左の諸条を協議約定せり。

第一条

西蔵の君主達頼喇嘛《ダライラマ》は蒙古独立国の組織および亥歳十一月九日を以て黄教の主哲布尊丹巴《ジェッツンダムパ》喇嘛を同国君主として宣布したることを賛成承認す。

第二条

蒙古国民の君主哲布尊丹巴《ジエツンダムバ》喇嘛は西蔵独立国の組織および達頼《ダライ》喇嘛《ラマ》を同国君主として宣布したることを賛成承認す。

第三条

両国は協力して仏教の繁栄を謀るべし。

第四条

両国は自今永遠に外部および内部の危急に際して相互に援助を与うべし。

第五条

両国は各自の領土に於いて教務および国務を帯び公用および私用を以て来往する臣民に対し相互に幇助を与うべし。

第六条

両国は従前の如く自国の生産物、商品および家畜等の相互貿易を施行し、または工産業の施設を開始すべし。

第七条

自今各人間間の貸借は官衙に於いて許可したる場合にのみこれを為すことを得。右の許可なき貸借に関する要求は官衙に於いて審理せざるべし。

もし貸借契約が本条約締結前に行われ当事者間に於いて調和を見る能わず、多大の損失を被むるものあるときはその負債は官衙に於いて取り立つることを得。但し如何なる場合に在りても負債は「シャビなる」および旗の負担と為ることを得ず。
（「シャビなる」――「ホトクト」王廷に属し王府に納税する臣民）
（「ホシュン」〔旗〕――王公領）

第八条

本条約の条項追加の必要ある場合には蒙古政府および西蔵政府は特に全権委員を任命し、機宜に応じて協約議定すべし。

第九条

本条約は署名の日よりこれを実施す。

蒙古共載二年十二月四日
西蔵壬子歳同月同日

蒙古政府の条約締結全権委員
外務大臣心得　比里克特達喇嘛《ビリクトダラマ》、喇布垣《ラブダン》
外務次官　将軍統領兼　達木党蘇倫《ダムジンソロン》
西蔵君主達頼喇嘛《ダライラマ》の条約締結全権委員
グジル・ツァンシブ・カンチェン・ルブサン・アグワン・チョインザン

西蔵銀行理事　　イシチャマツ
書記　　ゲンドウン・ガルサン

十六、露中協定(1)　一九一三年

一九一三年十一月五日（十八日）北京に於いて調印

（1）Perry-Ayscough and Otter-Barry（John Lane）："With the Russians in Mongolia" pp.40-2.

ロシア帝国政府は外蒙古に関し中国との関係の基礎としてその採るべき原則を決定し中国共和政府は右原則の承認を表明したるを以て両国政府は左記の通協定せり。

一　ロシア国は外蒙古が中国主権の下に在ることを承認す。

二　中国は外蒙古の自治権を承認す。

三　中国は外蒙古の蒙古人が自ら自治蒙古の内政規定を設け、且つ外蒙古に関する商工業上の一切の問題を解決するの専属的権利を認むるを以て中国は右の事項に付干渉せざることを約す。従って中国は外蒙古に軍隊を派遣しまたは同地に一切文武官を駐在せしめざるべく、且つ同地に植民することなかるべし。もっとも中国政府派遣の高官は必要なる属員および護衛者を伴い庫倫に駐在することを得べし。中国政府は右の外必要ある場合本協定第五条に規定する会議の際決定せらるべき外蒙古の一定の地に自国人民の利益保護の為代表者を駐在せしむることを得べし。

一方ロシア国は外蒙古内に於いて領事館護衛兵以外の軍隊を駐在せしめ、同地方行政の一切の部分に干渉しまたは植民することなかるべきことを約す。

四　中国は前記原則および一九一二年十月二十一日（一九一二年十一月三日）の露蒙通商議定書の規定に準拠し、外蒙古と自国との関係確立の為ロシアの斡旋を何時にても承諾すべきことを声明す

五　外蒙古に於ける露中両国の利益に関する諸問題に関して同国に於ける新事態に因りて発生するものはこれを爾後の会議の主題と為すべし

附属交換公文要領

一　ロシア国は外蒙古の地域が中国領土の一部たることを承認す。

二　政治上および領土の問題に関しては中国政府は商議に依りロシア政府との協定を遂ぐべく該商議には外蒙古官憲これに参加すべし。

三　宣言書第五条に規定する会議は右関係三者の間に開かるべく且つ右三者はこれが為その代表者の会合すべき地点を指定すべし。

四　自治外蒙古は、庫倫弁事大臣烏里雅蘇台《ウリヤスタイ》将軍および科布多《コブド》参賛大臣の管轄に属する地方を包括す蒙古の精細地図存在せず、且つ同国行政区画不確定なるを以て外蒙古の正確な

る境界並びに科布多《コブド》地方および阿爾泰《アルタイ》地方間の境界はこれを宣言書第五条に規定する爾後の会議の主題と為すべし。

十七、中央人民政府と西蔵地方政府間の平和的西蔵解放方法に関する協定（全訳）

西蔵民族は中国国境内に於いて悠久の歴史を有する民族の一つであって、偉大なる祖国の創造と発展過程に於いて、自己の光栄ある責任を尽して来た。しかるに最近百余年来、中国を侵略せる帝国主義勢力は、西蔵地区にも侵入し、各種の欺瞞と挑発とが行われて来た。国民党反動政府は西蔵民族に対し、旧来の反動政府と同様、民族圧迫と民族離間政策を継続施行し、西蔵民族内部に分裂を起こさしめた。

而して西蔵地方政府は、帝国主義の欺瞞と挑発に対しては、何等の反対をも称えず、偉大なる祖国に対しては、非愛国主義をとって来た。そしてこれ等の状況は西蔵民族と西蔵人民を奴隷的苦痛の深淵に陥れてきたのである。

一九四九年、中国人民解放戦争は全国的に基本的勝利を獲得し、各民族共通の内敵国民党政府を打倒し、各民族共通の外敵帝国主義侵略勢力を駆逐し、この基礎の上に中華人民共和国と中央人民政府は成立を宣言した。中央人民政府は〝政治協商会議〟に於いて承認した〝共同綱領〟に基き、中華人民共和国国境内の各民族の一律平等を宣言し、団結互助を実行し、帝国主義並びに各民族内部の人民の公敵に反対し、中華人民共和国をして、各民族の友愛合作による大家庭たらしめようとした。中華人民共和国の各民族大家庭内にあっては、各少数民族の聚居する地域に於いては民族の地域自治を実行し、各少数民族は等しく自己の言語・文化を発展せしめ、その風俗習慣および宗教信仰を維持あるいは改革する自由を有し、中央人民政府は各少数民族が、その政治・経済・文化・教育の建設事業を発展させるのを援助することとなった。以来西蔵および台湾地域以外の各民族は、等しく解放を獲得した。中央人民政府の統一的指導と、各上級人民政府の直接指導の下に、各少数民族は等しく民族平等の権利を十分享有し、民族地域自治をすでに実行するかあるいは実行せんとしている。

西蔵における帝国主義侵略勢力の影響を速やかに一掃し、中華人民共和国の領土と主権を統一し、国防を強化し、西蔵民族と西蔵人民を解放して中華人民共和国の大家庭に復帰せしめ、国内の他民族と同様、民族平等の権利を享有せしめ、その政治、経済、文化、教育事業を発展せしめる為に、中央人民政府は人民解放軍に西蔵進撃を命ずるに当って、西蔵地方政府に通告して、その代表を中央に派遣し交渉を行い〝西蔵の平和的解放方法に関する協定〟を締結せしめようとした。

一九五一年四月下旬、西蔵地方政府の全権代表は北京に到着し、中央人民政府の指定せる全権代表と、西蔵地方政府の全権代表とは友好裡に交渉を行った。交渉の結果、双方は本協定の締結に同意し、その諸条件の実行を保証した。

第一条　西蔵人民は団結して帝国主義勢力を西蔵より駆逐し、西蔵人民は祖国中央人民共和国の大家庭に復帰する。

第二条　西蔵地方政府は人民解放軍の西蔵進駐を積極的に援助し、国防を強化する。

第三条　「中国人民政治協商会議共同綱領」に基き、中央人民政府の統一的指導の下に、西蔵人民は民族地域自治を行う権利を有する。

第四条　西蔵の現行政治制度に対して中央は変更を加えない。達頼喇嘛《ダライラマ》固有の地位並びに職権に対しても中央は変更を加えない。各級官吏には従来の職を供与する。

第五条　班禅額爾徳尼《パンチエンエルデニ》の固有の地位および職権は維持さるべきである。

第六条　達頼喇嘛《ダライラマ》並びに班禅額爾徳尼《パンチエンエルデニ》の固有の地位および職権とは、十三世達頼喇嘛《ダライラマ》と九世班禅額爾徳尼《パンチエンエルデニ》が相互に友好的に並存した時の地位および職権を指す。

第七条　中国人民政治協商会議共同綱領に規程する宗教信仰自由の政策を実行し、西蔵人民の宗教信仰と風俗習慣とを尊重し、喇嘛廟《ラマびょう》を保護する。寺廟の収入に対し中央は変更を加えない。

第八条　西蔵軍隊は逐次人民解放軍に改編し、中華人民共和国国防兵力の一部とする。

第九条　西蔵の実状に照して、西蔵民族の言語、文字および学校教育を逐次発展させる。

第十条　西蔵の実状に照して、西蔵の農牧、商工業を逐次発展させ、人民の生活を改善する。

第十一条　西蔵の各種改革事業に関し中共は強制を加えない。西蔵地方政府は自主的に改革を進行すべきであって、人民が改革要求を提出する時は、西蔵指導員と協議する方法によってこれを解決する。

第十二条　過去に於いて帝国主義あるいは国民党官吏と接近した者であっても、帝国主義あるいは国民党との関係より断乎離脱し、破壊反抗の行動をとらぬ限り、従来通り職を与え、過去を追及しない。

第十三条　西蔵に進駐する人民解放軍は、上記の各政策を遵守するとともに、公平な取引を行い、人民より一毫もかすめない。

第十四条　中央人民政府は西蔵地域の一切の渉外事務を統一処理し、平等、相互福祉、領土主権尊重の原則の下に、隣邦と平和的に交渉し、公正な通商貿易関係を樹立発展させる。

第十五条　本協定の実施を保証するため、中央人民政府は西蔵に軍政委員会と軍区司令部を設立し、中央人民政府の派遣する人員以外に、西蔵地方人員を吸収し工作に参加せしめる。軍政委員会に参加する西蔵地方人員は、西蔵地方政府および各地区、各主要寺廟の愛国分子の中、中共人民政府の指定する代表と関係各方面が協議の上提定する名簿によって、中央人民政府に任命を要請する。

第十六条　軍政委員会、軍区司令部および西蔵進駐人民解放軍の所要経費は中央人民政府より支給する。西蔵地方政府は人民解放軍の糧秣日用品の購入輸送に協力せねばならない。

第十七条　本協定は調印後直ちに効力を有する。

中央人民政府全権代表
首席代表　　李維漢（署名捺印）
代表　　　　張経武（〃）
〃　　　　　張国華（〃）
〃　　　　　孫志遠（〃）

西蔵地方政府全権代表
首席代表　　阿沛・阿旺晋美（署名捺印）
代表　　　　凱墨・索安旺堆（〃）
代表　　　　土丹且遠（署名捺印）
〃　　　　　土登列門（〃）
〃　　　　　桑頗・登増頓珠（〃）

一九五一年五月二十三日　於北京

附録二　参考文献

本書の作成には左の諸書を引用したが、文中には煩わしいので、一々断わらなかった。特記して感謝の意を表する。ティベットのより詳しい歴史や情勢を知りたいと望まれる諸賢は、それぞれについて更に深く研究されることを希望する。なお、ティベット史研究の諸史料については、世界歴史事典・第二十三巻・史料編東洋四四九～四五五頁に要領のよい紹介が見られる。

一、概説および通史

Bell, S. C.; Tibet, past & present. Lond., 1924.
（田中一呂訳　西蔵・過去と現在　生活社　昭和十五年）
Bell, S. C.; Religion of Tibet. Lond., 1931.
（橋本光宝訳　西蔵の喇嘛教　法蔵館　昭和十七年）
＊後者は通俗的なラマ教概説書として著名であるが、その内 Chap. 4-12 はティベット史概説としてすぐれた内容をもっている。但し両書共中国史料を使用していない。
Encyclopaedia Britannica; Tibet.
＊ブリタニカのティベットの項は地理・風俗・探検の大略を知るに便利である。

岩井　大慧　西蔵印度の文化　日光書院　昭和十七年

青木　文教　西蔵文化の新研究　有光社　昭和十五年

青木　文教　西蔵の民族と文化　高原社　昭和十七年

多田　等観　チベット（岩波新書）　岩波書店　昭和十七年

石浜　純太郎　西蔵史（支那地理歴史大系第十二巻　支那周辺史下巻所収）　自楊社　昭和十八年

佐藤　長　チベットの歴史（アジア史講座第四巻所収）　岩崎書店　昭和三十一年

＊岩井氏の書は初め岩波書店「東洋思潮」に収められたもの。我が国における本格的な西蔵学の創始として画期的な書である。青木・多田両氏の書は実際の踏査による貴重な労作。通史概説としては佐藤氏のものが最も優れている。

Schulemann, G.; Geschichte des Dalailamas. Heidelberg, 1911.

＊書名はダライ・ラマの歴史であるが、通史として傑出している。なお「プトン仏教史」「テプテルゴンポ」等の所謂ティベット史料については、Bell; Religion of Tibet の附録、および前掲世界歴史事典・史料編を参照されたい。

二、宗教について

西蔵大蔵経については、

東北大学刊　西蔵大蔵経総目録　一九〇〇年

大谷大学図書館　西蔵大蔵経甘殊爾勘同目録（一—三）　一九三〇—三二年
また蔵外経典については、
東北大学刊　西蔵選述仏典目録　一九五三年
をそれぞれ参看されたい。
Köppen, C. F.; Die Religion des Buddhas und ihre Entstehuug. 2Bd. Berlin, 1857-59.
Waddell, A.; The Buddhism of Tibet or Lamaism. Lond., 1895.
＊二者共にラマ教の綜合的研究として古典的名著。ケッペンの書は上巻は主としてインドを扱い、ティベット仏教史はモンゴリア、マンチェリア等のそれと共に下巻に収められている。
Popov, I. S.; Lamaizm v Tibete, ego istoriya, uchenïei uchrezhleniya. St. Petersburg, 1898.
（石川喜三郎訳　西蔵蒙古秘密喇嘛教大観　日露出版協会　大正六年）
＊ラマ教概説書としてはまとまっているが、使用した史料がモンゴル系のものが多かったらしく、学術的引用には慎重な注意が必要。
Bell, S. C.; Religion of Tibet. Lond., 1931.
＊前掲の如く通俗的なラマ教の解説書として最も優れている。
寺本　婉雅　十万白龍　帝国出版協会　明治三十七年
＊ボン教の経典「十万白龍」の訳。

三、吐蕃時代の資料

旧唐書、巻一四六、上・下、吐蕃伝
新唐書、巻一四一、上・下、吐蕃伝
冊府元亀　将帥部（巻三五六～四五六）奉使部（巻六五二～六六四）
　外臣部（巻九五六～一〇〇〇）

*漢文史料は吐蕃研究上、不可欠の貴重な根本史料である。

Waddell, A.: Ancient Historical Edicts at Lhasa, JRAS. 41-43. 1909—1.1.
佐藤　長「唐蕃会盟碑の研究」（東洋史研究一〇—一四　一九四九年）
Richardson, H. E.: Ancient Historical Edicts at Lhasa and the Mutsung khri gtsug lde brtsan
　Treaty of A. D. 821—822 from the Inscription at Lhasa. Lond., 1952.

*以上三編はいずれも唐蕃会盟碑の研究である。Waddellの書は最初の実地調査にもとづいた研究であるが、eyecopyのため、誤りが多く、史料としては使えない。その後漢文の部分は内藤湖南氏（「拉薩の唐蕃会盟碑」研幾小録・弘文堂一九二八年）により、ティベット文の部分は寺本婉雅氏（「唐蕃会盟碑文」大谷学報一〇—三、一九二九年）により研究されたが、特に後者は判読不充分な箇所が少なくなかった。佐藤氏の論考は厳密なティベット文テキスト校訂により訂正と註を加えた唐蕃会盟碑の研究である。Richardsonの研究は「ポタラ碑」と共に、現地における一層正確なコピーに基いた労作とされている。

J. Bacot & Thomas, F. W.; Documents de Touen-Houang, relatifs a L'histoire du Tibet. Paris, 1940—46.
＊敦煌出土の「吐蕃年代記」訳註。

Paul Demieville; Le concile de Lhasa. Paris, 1952.
＊八世紀にラサで行われたインド僧・唐僧間の静寂主義についての論争の研究。論争前後の歴史的背景についても唐・ティベット両史料を駆使して精細な論究がなされている。本書については前田正名氏の書評がある。(史雑四九—五)

Tucci, G.; The Tombs of the Tibetan Kings. Serie Orientale Roma, 1. Rome, 1950.
＊イタリアのツチィ氏がティベットのチョンギェ・カルチェン等で発見した碑文を研究した名著。

Aoki, B.; Study of Early Tibetan Chronicles. Tokyo, 1956.
＊漢蔵両史料の正確な訳により吐蕃時代の諸年代を決定した論考。

四、近代以後の資料

Tucci, G.; Tibetan Painted Scrolls. 3vols. Rome, 1949.
＊十三世紀から十八世紀におよぶティベット史の暗黒時代を、蔵・蒙・中国史料を用いて解明した画期的な労作。

矢野　仁一「近代西藏史研究」（東洋史講座十三巻所収）
入江　啓四郎「支那辺彊と英露の角逐」（ナウカ社　昭和十年）
*前者は清朝と近代ティベットとの関係を扱った部分（第四～七章）が特に優れているが、ティベット史料を全然使用していない。後者のティベットと英露の関孫記事は、簡潔で明快な叙述である。

Petech, L.; China and Tibet in the Early 18th century, History of the Establishment of Chinese Protectorate in Tibet. Leiden, 1950.
*ティベット・中国両史料による十八世紀前半、清朝宗主権確立までの経過を詳述した労作。

中国史料としては、「大清歴朝実録」「東華録」「大清会典」「理藩院則例」「皇朝藩部要略」「聖武記」などにティベットについての所伝がある。その他、地志として、

衛蔵通志	十六巻、首一巻	清	闕名撰
衛蔵図識	四巻	清	馬少雲撰
西蔵図考	八巻、首一巻	清	黄沛翹撰
西蔵見聞録	一巻	清	錫珀撰
西蔵賦	一巻	清	和寧撰
西招図路	一巻	清	松筠撰

Rockhill, W.; Tibet; A Geographical, Ethnographical and Historical Sketch, derived from Chinese Sources, JRAS. 23, 1891.
＊Rockhill の著は衛蔵図識の英訳・詳註で、特に註には見るべきものが多い。

Ippolito Desideri; An account of Tibet, tr. De Filippi. Lond., 1937.

Hosten S. J.; Letters and Other Papers of Fr. Ippolito Desideri, S. J., a Missionary in Tibet (1713-21), J. A. S. B. 3rd. series vol. 4, No. 4, 1938.
＊十八世紀初めラサに於いて伝道した宣教師 Desideri の著書・手紙の翻訳・紹介。

Markham, C. R.; Narratives of the Mission of George Bogle to Tibet and of the Journey of Thomas Manning to Lhasa. Lond., 1879.
＊一七七四年、最初にパンチェン・ラマに会見した Bogle と、一八一一年、医師として入蔵した Manning についての研究。

Turner. S.; An Account of an Embassy,to the Court of the Teshoo Lama in Tibet. Lond., 1800.
＊一七八二年、パンチェン・ラマの許に使した Turner の報告書。

Younghusband, F.; India and Tibet. Lond., 1910.
（村山公三訳「西蔵——英帝国の侵略過程」　小島書店　一九四三年）
＊一九〇三～四年、英印軍のラサ進駐を指揮した Younghusband の報告。村山氏の訳は

前半のみ。

五、民俗・民族・探検報告

Bell, S. C.; People of Tibet. Lond., 1928.

Ekvall, R. B.; Cultural Relation on the Kansu-Tibetan Border. Chicago, 1939.
（蓮井一雄訳　甘粛西蔵辺疆地帯の民族　帝国書院　昭和十九年）

＊両書ともにティベット民族に深い理解を示した傑作。民族・風俗の状態は、前掲（一、概説通史の項）の青木・多田両氏の書や、Bell, Rockhill, Waddell 氏等の書にも詳しい。

ティベットの探検報告は極めて多いが、ここには主要なもののみを掲げる。まず一九〇四年以前のものについては、

Sandberg, G.; Exploration of Tibet. Its history and particulars from 1623 to 1904.
Calcutta, 1904.

に極めて要領のよい紹介がある。マルコ・ポーロ（Marco Polo）やミルザ・ハイダル（Mirza Haidar）の Tarik-i-Rashid はしばらく措くことにしても、ヨーロッパ人として初めてこの地を踏んだといわれるアントニオ・ド・アンドラーズ（Antonio de Andrade）以下の主な探検記を、年代順に並べてみると次の通りである。

一、Antonio de Andrade; Nuevo Describrimiento del gran Cathayos O Reynos de

Tibet. 1627.

＊一六二四年十一月八日附、アブラ発信のアントニオの書簡。マンサロヴァール（Mansaro Var）ルドック（Ru-dock）両湖の探換記。

二、Athanasius Kircher; China Monumentis qua Sacris qua Profanis, Nec non variis Naturae & Artis Spectaculis, Aliarumque rerum memorabilium Argumentis illnstrata. 1667.

＊一六六一年北京からラサを経てインドへ赴いたヤソ会のヨハネス・グリューベル（Johannes Grüber）とアルベール・ドルヴィユ（Albert d'Orville）の紀行を含む。

三、Ippolito Desideri; Il Tibet, Geografia, Storia, Religione, Costumi. 1729.

＊一七一六年から一七二九年までラサに滞在したデシデリのティベット研究。その英訳は一九三七年ロンドンで出版された。（前掲）

四、Orazio della Penna; A Short Account of the Great Kingdom of Tibet in 1729. 1730.

＊一七〇八年ネパールから入蔵したローマカトリック・カプチン派の神父ペンナの遺著。ついで十八世紀後半、イギリスのインド政庁ベンガル総督の派遣したターナー大尉（Samuel Turner）および医師として入蔵したマニング（Thomas Manning）の紀行をまとめたマルカム Markham の著があるがこれについては四章で紹介した。

五、Huc & Gabet; Souvenir d'un Voyage dans la Tartarie, et le Thibet pendant les années 1844-46. Paris, 1850.

＊一八四四年モンゴリアからラサに赴いたラザリスト教派のユックおよびガベーの紀行。その豊富な話題と犀利な観察はティベット探検記中の白眉と称され、英・独それぞれ翻訳がある。（後藤・川上訳韃靼・西蔵および支那旅行記上・下　生活社　一九三九年）

一九世紀末期から二十世紀にかけては次のような多数の著名な探検家がこの地方を訪れた。

六、Prjevalsky; Reisen in Tibet. 1884

＊オルドスからココノル地方に至るプルジュワルスキーの探検記。

七、Rockhill, W.W.; The Land of Lamas. Lond., 1891.

do; Diary of a Journey through Mongolia and Tibet in 1891―92. Washington, 1895

＊ロックヒルは一八八八―九年、一八九一―二年、再度に亘って入蔵した。博士は漢文ティベット文に通じているので、その精緻な観察（とくに宗教・風俗等）は定評がある。

八、Filchner, W.; Wissenschaftliche Ergebnisse der Expedition nach China und Tibet 1903―5. 12Bd. Bln., 1907―14.

do; Om mani Padme hum. Leip. ,1940.

＊フィルヒナーは一九〇三―五年に南山山脈からココノル地方を調査した。一九三八年には

再度中央ティベットを探検した。ドイツ人独特の精密な調査報告。
九、Kozlov, P. K.; The Russian Tibet Expediton, 1899-1901, Grog. Journ., May, 1902S.
＊モリアからココノル地方、特に黄河水源地域の調査。
十、Hedin, S.; Tibet und die Geschichte seiner Erforschung. Sinica 14 Wien, 1939.
do; Trans Himalaya. 3vols, Stockholm, 1909-13.
do; Southern Tibet. 9vols, Stockholm, 1917-22.
＊ヘディン博士は最も大規模且つ尨大なティベット探検を敢行した。以上の学術報告書のほか、多くの啓蒙的な旅行記を著したが、それらは省略する。トランス・ヒマラヤの発見を初め、極奥アジアの地図上の空白は博士によって埋められた所が多い。日本訳としては
高山洋一訳　西蔵旅行記　改造社　昭和十四年
吉田一次訳　西蔵旅行記　教育図書　昭和十七年
などがある。
十一、Waddell, L. A.; Lhasa and its Mysteries,with a Record of the Expedition of 1903-4 Lond., 1905.
十二、Younghusband, F.; Geographie Result of the Tibet Mission. Lond., 1905.

十三、Tafel, A.; Meine Tibetreise. Bln., 1913.

十四、Kawaguchi, E.; Three Years in Tibet. Lond., 1909.

以上のほか日本人の手になるティベット旅行記は次のような書がある。

十五、河口　慧海　西蔵旅行記　山書房仏書林　一九四一年

十六、青木　文教　秘密之国西蔵遊記　内外出版ＫＫ　大正九年

＊後者はとくに正確で、ティベットの内情を知るに便利である。

附録三　年表

西紀五六九年	スロン・ツァン・ガム・ポ生る
〃五八一年	スロン・ツァン・ガム・ポ王位につく
〃六三二年	ス王トン・ミ・サンボータをマガダ国に遣す
〃六三四年	ス王、使いを唐朝に遣わす
〃六三八年	ス王、吐谷渾を伐つ
〃六三九年	玄奘、西アッサムで四川への道のあることをきく
〃六四一年	唐太宗、文成公主をス王に降嫁
	王玄策の第一回インド行使
〃六四七年	王玄策の第二回インド行使。北インド・アルジェナ王の妨害をティベット・ネパールの援軍で破る
〃六五〇年	ス王没す（八十二才）
〃六五八年	王玄策の第三回インド行使
〃六七〇年	論欽陵《ロンチンリン》、安西四鎮を攻陥
〃七一〇年	金城公主の入蔵

西紀七二一年　吐蕃、ギルギット（小勃律国）を攻略
〃七三四年　吐藩、ギルギット一帯を支配下におさむ
〃七四七年　唐朝、キルギットを奪還す
〃七五五年　チ・スロン・デ・ツァン王即位（安史の乱起る）
〃七六三年　吐蕃軍、長安を攻陥
〃七六四年
―九〇年　吐蕃軍、河西甘粛地方より北庭都護府を席捲
〃七九二年
―三年　大乗和尚（中国僧）とカマラシーラ（インド僧）との論争
〃八二一年　唐と平和条約を締結
〃八二三年　唐蕃会盟碑の建立
〃八三八年　チ・ツク・デ・ツァン王暗殺され、王弟ランダルマ即位、仏教の大弾圧はじまる
〃八四一年　ラン・ダルマ、ラサのジョカン寺前で暗殺さる
〃八五〇年　沙州刺史張義潮河西地方を回復して唐朝に献ず
〃一〇四二年　アチシャ（九八二―一〇五四）の入蔵
〃一二五三年　フビライ・ハーンのティベット制覇

西紀一二六〇年　フビライ・ハーン、パスパをモンゴル帝国の中原法主（国師）とする
〃　一二六九年　パスパ文字の制定
〃　一二七四年　フビライ・ハーン大都に大聖寿万安寺、上都に竜興華厳寺乾元寺を建立す
〃　一二九五年　フビライ・ハーン皇太后のために大清涼寺を補修す
〃　一三二〇年　西蔵大蔵経なるタン寺古版完成
〃　一三二二年　プトン仏教史の成立
〃　一三五七年　アムドの聖者、ツォン・カ・パ生る（～一四一九）
〃　一三九一年　第一代ダライ、ゲンドゥン・ドゥパ生る（～一四七五）
〃　一四一〇年　北京版（永楽版）大蔵経完成
〃　一四七六年　第二代ダライ、ゲンドゥン・ギャムツォ生る（～一五四二）
〃　一五四三年　第三代ダライ、ソナム・ギャムツォ生る（～一五八八）
〃　一五八九年　第四代ダライ、ユンデン・ギャムツォ生る（～一六一四）
〃　一六〇五年　北京版（万暦版）大蔵経完成
〃　一六一五年　第五代ダライ、ロザン・ギャムツォ生る（～一六八〇）
〃　一六四二年　第五代ダライ、グシ汗の力をかりツァンパ汗を破る
〃　一六五二年　第五代ダライ、北京に遊び清太宗の知遇を得
〃　一六八四年　北京版（康煕版）大蔵経完成

西紀一七一七年　ツェワン・ラブタン、ラサに侵入。清軍ツェワンを敗りラサに駐留軍を置く
〃一七二〇年　康熙帝ジュンガルを攻撃する
〃一七三〇年　大蔵経なるタン寺新版完成
〃一七三一年　デルゲ版大蔵経完成
〃一七三三年　ジュンガル部清朝に鎮定さる
〃一七三七年　修補北京版大蔵経成る
〃一七五〇年　ギュルメナムギェルの乱、清朝内政干渉を強化
〃一七五八年　清軍ジュンガル討伐、ティベットとジュンガルの連絡を絶つ
〃一七六四年　ブクサルの戦
〃一七七四年　東インド会社員ボーグル、パンチェン・ラマと会見
〃一七八二年　ターナー大尉の入蔵
〃一七九一―二年　グルカ族タシルンポ略奪、清軍カトマンドゥ占領、グルカ戦勝記念碑建立
〃一八五六年　ネパール・西蔵条約
〃一八七六年　芝罘《チーフー》条約
〃一八八〇年　イギリス、アフガニスタンへ進出

西紀一八八六年　緬甸《ビルマ》および西蔵に関する英清条約
〃　一八八七年　ティベット軍シッキム侵入
〃　一八九〇年　シッキム条約締結
〃　一八九三年　印蔵条約附属章程成る
〃　一九〇〇年　ドルジェフ、ニコライ二世と会見
〃　一九〇一年　ドルジェフ訪露（第二回）
〃　一九〇三年　ヤングハズバンドの遠征
〃　一九〇四年　ラサ条約締結
〃　一九〇五－六年　パンチェン・ラマ、インドに招待さる。英清条約締結
〃　一九〇七年　英露条約　――中国宗主権の認証――
〃　一九〇八年　印蔵・通商章程蹄結
〃　一九〇九年　北京条約　――ラサ条約の確認――
〃　一九一〇年　西康省の成立・第十三代ダライ、ダージリンに蒙塵、英国・ブータン条約成立
〃　一九一一年　辛亥革命、ティベット独立宣言
〃　一九一二年　露蒙条約成立

西紀一九一三年　シムラ会議、蒙蔵条約成立、露中協定成立
〃一九一四年　シムラ会談署名
〃一九一六年　中国・ティベットの紛争、テイチマンの調停
〃一九二四年　パンチェン・ラマ北京に蒙塵
〃一九三三年　第十三代ダライ歿す
〃一九三七年　第九代パンチェン・ラマ歿す
〃一九五〇年　中華人民共和国ティベットに侵入
〃一九五一年　和平解放協定の成立
〃一九五六年　ティベット自治区準備委員会成立

大村謙太郎（おおむら・けんたろう）

イスラーム学者、東洋学者。東京帝国大学文学部東洋史学科および同大大学院に学ぶ。獨協中学校講師を務めた後、精華書院および独逸学雑誌社社長となる。後に大東亜省嘱託や、国際親善協会常任理事、興亜宗教同盟常任理事、回教協会専務理事を務め、戦後は日本イスラム協会理事長、宗教懇談会理事長、ガンジー平和連盟副会長、西蔵大蔵経研究会専務理事などを務めた。クルバンガリー（在日タタール人ムスリムの指導者）や愛新覚羅溥侊（溥儀の従兄弟でムスリム）などとも交流を持った。（1888 － 1962）

近代《きんだい》チベット史叢書《しそうしょ》 13

ティベット史概説《しがいせつ》

平成28年1月15日初版第一刷発行

著　者：大村謙太郎《おおむらけんたろう》
発行者：中野 淳
発行所：株式会社 慧文社《けいぶんしゃ》
〒174-0063
東京都板橋区前野町 4-49-3
〈TEL〉03-5392-6069
〈FAX〉03-5392-6078
E-mail:info@keibunsha.jp
http://www.keibunsha.jp/
印刷所：慧文社印刷部
製本所：東和製本株式会社
ISBN978-4-86330-157-3